HET WONTON KOOKBOEK

100 heerlijke recepten en technieken om de kunst van het maken van wontons onder de knie te krijgen

Demi Jonker

Auteursrechtelijk materiaal ©2023

Alle rechten voorbehouden

Zonder de juiste schriftelijke toestemming van de uitgever en de auteursrechthebbende mag dit boek op geen enkele manier, vorm of vorm worden gebruikt of verspreid, met uitzondering van korte citaten die in een recensie worden gebruikt. Dit boek mag niet worden beschouwd als vervanging van medisch, juridisch of ander professioneel advies.

INHOUDSOPGAVE

INHOUDSOPGAVE..3
INVOERING...8
ONTBIJT...9
1. Zoetzure Gewafelde Garnalenwontons........................10
2. Spek en eierwontons..13
3. Wonton Quiche Cups..15
4. Banaan Nutella Wontons..17
5. Wonton-ontbijttaco's..19
6. Wonton-wentelteefjes..21
7. Worst en Kaaswontons..23
8. Wonton-ontbijtpizza..25
9. Wonton-ontbijtstrudels..27
10. Spinazie en Feta Wonton Quiches................................29
11. Wonton Ontbijt Empanadas...31
12. Ham en Kaas Wonton Cups...34
13. Worst en Ei Wonton Bites..36
14. Avocado en Ei Wonton Cups...38
15. Wonton-ontbijtburrito's...40
16. Veggie en Cheese Wonton Cups....................................42
SNACKS EN VOORGERECHTEN..44
17. Wonton Sambussa...45
18. Krab Ragoon...48
19. Warme Spinazie & Artisjok Cups...................................50
20. Italiaanse Wonton-nacho's...52
21. Gefrituurde Groentewontons..55

22. Magere cannoli met frambozensaus..........................58
23. Wonton-cannoli..61
24. Zwarte Sesam Wonton Chips..................................64
25. Hete en pittige potstickers..................................66
26. Japanse potstickers...69
27. Kaasachtige Lente Kip Wraps................................71
SALADES EN BIJZIJDEN..73
28. Erwten-noedelsalade met wontonreepjes.................74
29. Gestapelde Kipsalade...76
30. Mason jar Chinese kipsalade................................79
31. Chinese Kipsalade Met Wontons...........................81
32. Wontonsalade Met Garnalen................................84
33. Aziatische Salade Met Wontons............................86
34. Pittige Wontonsalade..88
35. Sesam Gember Wonton Salade............................90
36. Avocadowontonsalade......................................92
37. Thaise wontonsalade..94
38. Gegrilde Kip Wonton Salade................................96
39. Pittige Tonijn Wonton Salade..............................98
40. BBQ Kip Wonton Salade....................................100
41. Garnalen en Mango Wonton Salade.....................102
42. Thaise Pinda Wonton Salade..............................104
43. Teriyaki Tofu Wonton Salade..............................106
44. Caprese Wontonsalade.....................................108
45. Pittige Tonijn Wonton Salade.............................110

46. Antipasto Wonton Salade...112
47. Zuidwestelijke wontonsalade..................................114
48. Gegrilde Kip Caesar Wonton Salade......................116
49. Griekse wontonsalade...118
50. Geroosterde Bieten En Geitenkaas Wonton Salade 120
SOEP..122
51. Keto Wonton- soep..123
52. Klassieke Wonton- bouillonsoep............................125
53. Wonton Knoedelsoep..129
54. Wontons In Een Lichte Sesam-Soja Bouillon Met Erwten... 132
55. Simpele wontonsoep...135
56. Klassieke Varkenswontonsoep...............................138
57. Vegetarische Wontonsoep......................................140
58. Wontonsoep met kip en groenten..........................142
59. Pittige Garnalenwontonsoep..................................144
60. Thaise Kokos Curry Wonton Soep........................146
61. Gember Pork Wonton Soep....................................149
62. Knoflook Garnalen Wonton Soep..........................151
63. Pittige Szechuan Wontonsoep................................153
64. Vegetarische Wontonsoep......................................155
65. Citroengras Kipwontonsoep...................................157
66. Zoetzure Varkenswontonsoep...............................159
67. Tom Yum Garnalen Wonton Soep........................162
68. Wontonsoep uit Turkije...165

69. Krab Rangoon Wonton Soep....................................167
70. Pittige Runderwontonsoep..169
71. Wontonsoep met garnalen en sint- jakobsschelpen 171
72. Wontonsoep met Pindakaassaus............................173
73. Wontonsoep met Groenten en Noedels..................176
HOOFDGERECHT..178
74. Ravioli met mascarpone & coquilles.......................179
75. Hawaiiaans Gegrilde tonijn met zeewier................183
76. wontons van groenten en zeevruchten...................186
77. Wontons van groenten en zeevruchten...................188
78. Wontons van eend en gember..................................190
79. Go Gees met gemalen kalkoen................................192
80. Potstickers met Konjac rijstwijn..............................194
81. Traditionele Gow Gees...196
82. Siu Mai-knoedels..198
83. Gestoomde Rundvleesballetjes................................200
84. Gemengde bloem en kaas ravioli............................202
85. Krokante wontons van krab en roomkaas.............204
86. Varkensvlees Momo's...207
87. Luchtgebakken roomkaas wontons........................209
88. Kool en Varkensvlees Gyoza...................................211
89. wontons van groenten en zeevruchten...................214
90. Varkensgehakt wontons...216
NAGERECHT...219
91. Nutella wontons..220

92. Nutella bananenwontons..223
93. Dessert Nutella Wontons..225
94. Gebakken Peren in Wontonchips en Honing........228
95. Chocolade Bananenwontons....................................231
96. Appel Kaneel Wontons...233
97. Aardbeien Roomkaas Wontons................................235
98. Bosbessen-citroenwontons.......................................237
99. S'mores Wontons..239
100. Frambozen Roomkaas Wontons..............................241
CONCLUSIE...243

INVOERING

Welkom bij het Wonton Cookbook, waar we de heerlijke wereld van de Chinese keuken verkennen door de lens van dit geliefde gerecht. Wontons zijn kleine, knoedelachtige pakketjes die gevuld zijn met een verscheidenheid aan hartige ingrediënten en traditioneel worden geserveerd in een geurige bouillon. Ze zijn een hoofdbestanddeel van de Chinese keuken en zijn over de hele wereld populair geworden vanwege hun unieke smaken en texturen.

In dit kookboek nemen we je mee op een culinaire reis door de verschillende soorten wontons, van klassiek varkensvlees en garnalen tot vegetarische en dessertvariaties. We zullen stapsgewijze instructies geven voor het maken van uw eigen Wonton-wikkels en -vullingen, evenals tips voor het koken en serveren. Of je nu een doorgewinterde kok bent of een beginner in de keuken, er is voor elk wat wils in dit kookboek.

ONTBIJT

1. Zoetzure Gewafelde Garnalenwontons

OPBRENGST: Maakt 16 wontons

INGREDIËNTEN

- 8 ons gekookte en gekoelde garnalen (31-40 stuks of 41-50 stuks), gepeld, staarten verwijderd
- 1 groot eiwit, licht geklopt
- $\frac{1}{4}$ kopje fijngehakte lente-ui, zowel groene als witte delen
- 1 teentje knoflook, fijngehakt
- 2 theelepels lichtbruine suiker
- 2 theelepels gedestilleerde witte azijn
- $\frac{1}{2}$ theelepel geraspte of fijngehakte verse gember
- $\frac{3}{4}$ theelepel zout
- $\frac{1}{2}$ theelepel versgemalen zwarte peper
- 1 pak wontonvellen (minstens 32 wikkels), ongeveer $3\frac{1}{2}$ inch per kant
- Nonstick kookspray
- Gember-Sesam Dipsaus (recept volgt)

1 Hak de garnalen fijn zodat ze bijna een pasta worden. Als je een keukenmachine wilt gebruiken, moet je dit met een half dozijn snelle pulsen doen. Doe de gehakte garnalen in een middelgrote kom.

2 Voeg het eiwit, de lente-ui, de knoflook, de suiker, de azijn, de gember, het zout en de peper toe aan de garnalen, roer goed door elkaar en zet opzij.

3 Verwarm het wafelijzer voor op hoog. Verwarm de oven voor op de laagste stand.

4 Haal voor de dumplings een wontonvel uit de verpakking. Maak met een deegborstel of een schone vinger alle 4 de randen van de wikkel nat. Plaats een kleine eetlepel van het garnalenmengsel in het midden en bedek met een ander wontonvel. Druk langs de randen om te verzegelen. Het water moet als lijm werken. Als je een plek vindt die niet plakt, voeg dan wat meer water toe. Leg de afgewerkte wonton opzij, dek af met een stoomdoek en vorm de rest.

5 Smeer beide zijden van het wafelijzerrooster in met antiaanbakspray. Plaats zoveel wontons op het wafelijzer als comfortabel passen en sluit het deksel. Laat 2 minuten koken alvorens te controleren. Het wontonvel moet zijn doorzichtigheid verliezen en de wafelstrepen moeten diep goudbruin zijn. Dit kan tot 4 minuten duren. Verwijder de gekookte wontons en houd ze warm in de oven terwijl de anderen koken.

6 Serveer de wontons met de Gember-Sesam Dipsaus.

2. Spek en eierwontons

INGREDIËNTEN
12 wontonvellen
6 plakjes spek, gekookt en verkruimeld
6 eieren, roerei
Zout en peper naar smaak
Gehakte groene uien voor garnering
Routebeschrijving:

Verwarm de oven voor op 350 ° F.

Spuit een muffinvorm in met anti-aanbakspray.

Druk een wontonvel in elke muffinbeker.

Vul elke wontonbeker met roerei en spek.

Kruid met peper en zout.

Bak 15-20 minuten, tot de wontons krokant en goudbruin zijn.

Garneer met gehakte groene uien en serveer.

3. Wonton Quiche Cups

INGREDIËNTEN

12 wontonvellen
4 eieren
1/2 kopje melk
1/2 kopje geraspte cheddar kaas
Zout en peper naar smaak
Gehakte verse peterselie voor garnering
Routebeschrijving:

Verwarm de oven voor op 375 ° F.

Spuit een muffinvorm in met anti-aanbakspray.

Druk een wontonvel in elke muffinbeker.

Klop in een kom de eieren en melk door elkaar.

Roer de geraspte cheddarkaas erdoor en breng op smaak met zout en peper.

Giet het eimengsel in de wontonbekers.

Bak gedurende 15-20 minuten, tot de quichevormpjes gepoft en goudbruin zijn.

Garneer met gehakte verse peterselie en serveer.

4. Banaan Nutella Wontons

INGREDIËNTEN

12 wontonvellen
1 banaan, in plakjes
1/4 kop Nutella
Poedersuiker voor garnering
Routebeschrijving:

Verwarm de oven voor op 350 ° F.

Leg de wontonvellen op een vlakke ondergrond.

Verspreid een kleine hoeveelheid Nutella in het midden van elk velletje.

Garneer met een plakje banaan.

Vouw het wontonvel diagonaal dubbel en druk de randen dicht.

Leg de wontons op een bakplaat bekleed met bakpapier.

Bak 8-10 minuten, tot de wontons krokant en goudbruin zijn.

Bestrooi met poedersuiker en serveer.

5. Wonton-ontbijttaco's

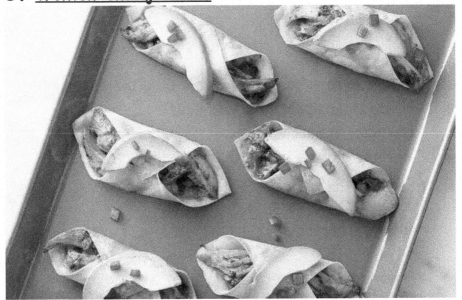

INGREDIËNTEN

12 wontonvellen
6 eieren, roerei
1/2 kop zwarte bonen, gespoeld en uitgelekt
1/4 kopje geraspte cheddar kaas
1 avocado, in blokjes
2 eetlepels gehakte verse koriander
Zout en peper naar smaak
Salsa om te serveren
Routebeschrijving:

Verwarm de oven voor op 375 ° F.

Spuit een muffinvorm in met anti-aanbakspray.

Druk een wontonvel in elke muffinbeker.

Vul elke wontonbeker met roerei, zwarte bonen en geraspte cheddarkaas.

Kruid met peper en zout.

Bak 15-20 minuten, tot de wontons krokant en goudbruin zijn.

Bedek elke wontonbeker met in blokjes gesneden avocado en gehakte verse koriander.

Serveer met salsasaus.

6. Wonton-wentelteefjes

INGREDIËNTEN

12 wontonvellen
2 eieren
1/2 kopje melk
1 theelepel vanille-extract
1/2 theelepel gemalen kaneel
1/4 theelepel gemalen nootmuskaat
2 eetlepels ongezouten boter
Poedersuiker en ahornsiroop om te serveren
Routebeschrijving:

Klop in een ondiepe schaal de eieren, melk, vanille-extract en gemalen kaneel door elkaar en gemalen nootmuskaat.
2. Smelt de boter in een koekenpan met antiaanbaklaag op middelhoog vuur.

Doop elk wontonvel in het eimengsel en zorg ervoor dat beide kanten bedekt zijn.

Leg de wontonvellen in de koekenpan en bak tot ze goudbruin zijn, ongeveer 1-2 minuten per kant.

Serveer de wonton wentelteefjes heet, bestrooid met poedersuiker en besprenkeld met ahornsiroop.

7. Worst en Kaaswontons

INGREDIËNTEN

12 wontonvellen
1/2 pond ontbijtworst, gekookt en verkruimeld
1/2 kopje geraspte cheddar kaas
2 groene uien, gehakt
Zout en peper naar smaak
Routebeschrijving:

Verwarm de oven voor op 375 ° F.

Spuit een muffinvorm in met anti-aanbakspray.

Druk een wontonvel in elke muffinbeker.

Vul elke wontonbeker met gekookte worst en geraspte cheddarkaas.

Kruid met peper en zout.

Bak 15-20 minuten, tot de wontons krokant en goudbruin zijn.

Bestrooi elke wontonbeker met gehakte groene uien en serveer.

8. Wonton-ontbijtpizza

INGREDIËNTEN

12 wontonvellen
1/2 kopje pizzasaus
1/2 kopje geraspte mozzarella-kaas
4 plakjes spek, gekookt en verkruimeld
4 eieren, gebakken
Zout en peper naar smaak
Gehakte verse peterselie voor garnering
Routebeschrijving:

Verwarm de oven voor op 375 ° F.

Spuit een bakplaat in met antiaanbakspray.

Leg de wontonvellen op de bakplaat.

Smeer een kleine hoeveelheid pizzasaus op elk velletje.

Strooi er geraspte mozzarellakaas over.

Top met gekookt spek en een gebakken ei.

Kruid met peper en zout.

Bak gedurende 10-12 minuten, tot de kaas gesmolten en bruisend is.

Garneer met gehakte verse peterselie en serveer.

9. Wonton-ontbijtstrudels

INGREDIËNTEN

12 wontonvellen
4 ons roomkaas, verzacht
1/4 kopje aardbeienjam
1 ei, losgeklopt
1 eetlepel water
Poedersuiker voor garnering
Routebeschrijving:

Verwarm de oven voor op 375 ° F.

Roer in een kleine kom de roomkaas en aardbeienjam door elkaar.

Leg de wontonvellen op een vlakke ondergrond.

Schep een kleine hoeveelheid van het roomkaasmengsel op elk velletje.

Vouw het wontonvel diagonaal doormidden en druk de randen dicht.

Klop in een aparte kom het losgeklopte ei en het water door elkaar.

Bestrijk de wontons met de eierwas.

Bak 15-20 minuten, tot de wontons krokant en goudbruin zijn.
Bestrooi met poedersuiker en serveer.

10. Spinazie en Feta Wonton Quiches

INGREDIËNTEN

12 wontonvellen
4 eieren
1/2 kopje melk
1/2 kopje verkruimelde fetakaas
1 kopje verse spinazieblaadjes, gehakt
Zout en peper naar smaak
Routebeschrijving:

Verwarm de oven voor op 375 ° F.
Spuit een muffinvorm in met anti-aanbakspray.
Druk een wontonvel in elke muffinbeker.
Klop in een kom de eieren en melk door elkaar.
Roer de verkruimelde fetakaas en de gehakte spinazieblaadjes erdoor.
Kruid met peper en zout.
Giet het eimengsel in de wontonbekers.
Bak 15-20 minuten, tot de quiches gestold en goudbruin bovenop zijn.

Serveer warm of op kamertemperatuur.

11. Wonton Ontbijt Empanadas

INGREDIËNTEN

12 wontonvellen
1/2 pond ontbijtworst, gekookt en verkruimeld
1/4 kopje in blokjes gesneden ui
1/4 kopje in blokjes gesneden groene paprika
1/4 kop in blokjes gesneden rode paprika
1/4 kopje geraspte cheddar kaas
Zout en peper naar smaak
Routebeschrijving:

Verwarm de oven voor op 375 ° F.

Spuit een bakplaat in met antiaanbakspray.

Fruit in een koekenpan de ui, groene peper en rode peper tot ze zacht zijn.

Voeg de gekookte worst toe aan de koekenpan en roer om te combineren.

Leg de wontonvellen op een vlakke ondergrond.

Schep een kleine hoeveelheid van het worstmengsel op elk velletje.

Strooi er geraspte cheddarkaas over.

Kruid met peper en zout.

Vouw het wontonvel diagonaal doormidden en druk de randen dicht.

Bak 15-20 minuten, tot de wontons krokant en goudbruin zijn.
Serveer warm of op kamertemperatuur.

12. Ham en Kaas Wonton Cups

INGREDIËNTEN

12 wontonvellen
1/2 kop in blokjes gesneden ham
1/2 kopje geraspte cheddar kaas
2 groene uien, gehakt
Zout en peper naar smaak
Routebeschrijving:

Verwarm de oven voor op 375 ° F.

Spuit een muffinvorm in met anti-aanbakspray.

Druk een wontonvel in elke muffinbeker.

Vul elke wontonbeker met blokjes ham en geraspte cheddarkaas.

Kruid met peper en zout.

Bak 15-20 minuten, tot de wontons krokant en goudbruin zijn.

Bestrooi elke wontonbeker met gehakte groene uien en serveer.

13. Worst en Ei Wonton Bites

INGREDIËNTEN

12 wontonvellen
1/2 pond ontbijtworst, gekookt en verkruimeld
4 eieren, roerei
Zout en peper naar smaak
Routebeschrijving:
1. Verwarm de oven voor op 375 ° F.
2. Spuit een mini-muffinvorm in met antiaanbakspray.

Snijd elk wontonvelletje in vieren.

Druk een kwart wontonvel in elke mini-muffinbeker.

Vul elke wontonbeker met gekookte worst en roerei.

Kruid met peper en zout.

Bak 12-15 minuten, tot de wontons krokant en goudbruin zijn.

Serveer warm of op kamertemperatuur.

14. Avocado en Ei Wonton Cups

INGREDIËNTEN

12 wontonvellen
2 rijpe avocado's
4 eieren, roerei
1/4 kop in blokjes gesneden rode ui
Zout en peper naar smaak
Gehakte verse koriander voor garnering
Routebeschrijving:

Verwarm de oven voor op 375 ° F.

Spuit een muffinvorm in met anti-aanbakspray.

Druk een wontonvel in elke muffinbeker.

Pureer de avocado's in een kom met een vork.

Vul elke wontonbeker met gepureerde avocado.

Top met roerei en in blokjes gesneden rode ui.

Kruid met peper en zout.

Bak 15-20 minuten, tot de wontons krokant en goudbruin zijn.

Garneer met gehakte verse koriander en serveer.

15. Wonton-ontbijtburrito's

INGREDIËNTEN

12 wontonvellen
6 eieren, roerei
1/2 kopje gekookte zwarte bonen
1/2 kopje in blokjes gesneden tomaten
1/2 kop in blokjes gesneden avocado
1/4 kopje gehakte verse koriander
Zout en peper naar smaak
Routebeschrijving:

Verwarm de oven voor op 375 ° F.
Leg de wontonvellen op een vlakke ondergrond.
Vul elk wontonvelletje met roerei, zwarte bonen, in blokjes gesneden tomaat en in blokjes gesneden avocado.
Strooi er gehakte verse koriander over.
Kruid met peper en zout.
Vouw het wontonvel in een burritovorm en druk de randen dicht.
Leg de wonton burrito's op een bakplaat bekleed met bakpapier.
8. Bak 12-15 minuten, tot de wontons krokant en goudbruin zijn. Serveer warm of op kamertemperatuur.

16. Veggie en Cheese Wonton Cups

INGREDIËNTEN

12 wontonvellen
1/2 kopje gehakte broccoliroosjes
1/2 kopje gehakte rode paprika
1/2 kopje geraspte cheddar kaas
1/4 kop in blokjes gesneden rode ui
Zout en peper naar smaak
Routebeschrijving:

Verwarm de oven voor op 375 ° F.

Spuit een muffinvorm in met anti-aanbakspray.

Druk een wontonvel in elke muffinbeker.

Vul elke wontonbeker met gehakte broccoli en rode paprika.

Top met geraspte cheddarkaas en in blokjes gesneden rode ui.

Kruid met peper en zout.

Bak 15-20 minuten, tot de wontons krokant en goudbruin zijn.

Serveer warm of op kamertemperatuur.

SNACKS EN VOORGERECHTEN

17. Wonton Sambussa

Opbrengst: 16 gebakjes

Ingrediënt
- 1 kopje bruine linzen
- ½ theelepel cayennepeper
- 1 kopje water
- 1 theelepel kaneel
- ½ kopje In blokjes gesneden groene paprika
- ¾ kopje fijngehakte uien
- Zout en gemalen zwarte peper naar smaak
- 2 knoflookteentjes; gehakt
- 3 eetlepels olijfolie
- 8 wontonvellen
- 2 theelepels zoete Hongaarse paprika
- 1 Eierdooier losgeklopt met een eetlepel
- Water
- 1 theelepel Geraspte gepelde verse gemberwortel
- 1 theelepel Gemalen korianderzaad
- Olie om in te frituren

a) Spoel de linzen en breng ze aan de kook in het water. Zet het vuur lager, dek af en laat 45 minuten sudderen. Fruit ondertussen de uien en knoflook in de olijfolie tot de uien glazig zijn. Voeg de kruiden en gehakte groene pepers toe en laat, afgedekt, 3 minuten sudderen, vaak roerend. Haal de pan van het vuur.
b) Als de linzen zacht zijn, combineer ze dan met de gebakken groenten. Kruid met peper en zout.
c) Snijd de wontonvellen doormidden om rechthoeken te vormen. Leg een velletje verticaal op een vlakke ondergrond en bestrijk het met het losgeklopte

eimengsel. Leg een afgeronde eetlepel van de vulling op het onderste uiteinde van een van de rechthoeken. Vouw de linkeronderhoek omhoog en over de vulling totdat deze de rechterrand van de verpakking raakt en een driehoek vormt. Draai vervolgens de gevulde driehoek omhoog en om en vouw langs de bovenrand. Vouw het dan naar links op de diagonaal. Ga door met vouwen totdat je het einde van de wikkel hebt bereikt en een nette driehoekige verpakking hebt gevormd.

d) Herhaal dit proces met de andere wonton-wikkelrechthoeken. Frituur elk gebakje goudbruin in 2 of 3 inch olie verwarmd tot 360F. Je kunt de gefrituurde sambussa's in een warme oven bewaren tot ze allemaal bereid en klaar zijn om geserveerd te worden. Sambussa's kunnen het beste warm worden gegeten.

18. Krab Ragoon

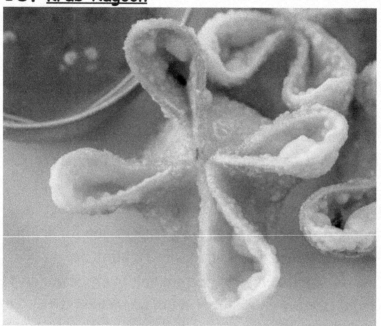

- 1 of 2 pakketten (8 ons) Neufchatel-kaas, verzacht (of roomkaas). Bedrag op basis van hoe "cheesy" u verkiest.
- 1 blik (6 ons) krabvlees, uitgelekt en in vlokken 2 groene uien inclusief topjes, in dunne plakjes
- 1 teentje knoflook, fijngehakt
- theelepel Worcestershire-saus 1/2 theelepel lichte sojasaus
- 1 pakket (48 stuks) Wonton skins plantaardige spuitcoating

a) Vulling: combineer in een middelgrote kom alle ingrediënten behalve Wonton-vellen en spuitcoating; mix tot goed gemengd.
b) Om te voorkomen dat Wonton-vellen uitdrogen, bereidt u één of twee Rangoon per keer. Leg 1 theelepel vulling in het midden van elke wontonhuid.
c) Randen bevochtigen met water; vouw dubbel om een driehoek te vormen, druk op de randen om te verzegelen. Trek de onderste hoeken naar beneden en overlap iets; bevochtig een hoek en druk om te verzegelen. Spuit bakplaat licht in met groentecoating.
d) Schik Rangoon op het vel en spuit lichtjes om te coaten. Bak in 425
e) Fahrenheit-graad hierboven gedurende 12 tot 15 minuten, of tot ze goudbruin zijn. Serveer warm met zoetzure saus of mosterdsaus.

19. Warme Spinazie & Artisjok Cups

- 24 wontonvellen
- 1 blik (14 oz.) Artisjokharten, uitgelekt, fijngehakt
- 1 kopje KRAFT Geraspte Mozzarella Kaas
- 1 pk. (10 oz.) Bevroren gehakte spinazie, ontdooid, drooggeperst
- 1/3 kopje KRAFT Mayo met mayonaise met verlaagd vetgehalte in olijfolie
- 1/3 kopje KRAFT geraspte Parmezaanse kaas
- 1/4 kopje fijngehakte rode pepers
- 2 teentjes knoflook, fijngehakt

a) VERWARMEN boven twee 350
b) PLAATS 1 Wonton-vel in elk van de 24 mini-muffincups die zijn besproeid met kookspray, met de randen van het vel over de bovenkant van de cup. Bak 5 min. Combineer ondertussen de resterende ingrediënten.
c) LEPEL het artisjokmengsel in wontonbekers.
d) BAK 12 tot 14 min. of totdat de vulling goed is opgewarmd en de randen van kopjes goudbruin zijn.

20. Italiaanse Wonton-nacho's

Maakt: 1

INGREDIËNTEN
ALFREDO SAUS
- 1 kopje half en half
- 1 Kopje Zware Room
- 2 eetlepels ongezouten boter
- 2 teentjes knoflook fijngehakt
- ½ kopje Parmezaanse kaas
- Zout en peper
- 2 Eetlepels bloem

NACHOS
- Wontonvellen in driehoeken gesneden
- 1 Kip gekookt en versnipperd
- Gesauteerde Paprika's
- Mozzarella kaas
- Olijven
- Peterselie gehakt
- Parmezaanse kaas
- Olie voor het bakken van pinda's of koolzaad

INSTRUCTIES
a) Voeg de ongezouten boter toe aan een sauspan en smelt op middelhoog vuur.

b) Roer de knoflook erdoor tot alle boter is gesmolten.

c) Voeg snel de bloem toe en klop constant tot het samengeklonterd en goudbruin is.

d) Meng in een mengkom de slagroom en de helft en de helft.

e) Breng aan de kook, zet het vuur laag en kook 8-10 minuten, of tot het ingedikt is.

f) Kruid met peper en zout.
g) Wontons: Verhit de olie in een grote koekenpan op middelhoog vuur, ongeveer ⅓ van de bovenkant.
h) Voeg de wontons een voor een toe en verwarm tot ze bijna goudbruin zijn aan de onderkant, draai ze om en bak de andere kant.
i) Leg een papieren handdoek over de afvoer.
j) Verwarm de oven voor op 350 ° F en bekleed een bakplaat met bakpapier, gevolgd door de wontons.
k) Voeg Alfredo-saus, kip, paprika en mozzarella toe.
l) Plaats onder de grill in de oven gedurende 5-8 minuten, of tot de kaas goed gesmolten is.
m) Haal uit de oven en bestrooi met olijven, Parmezaanse kaas en peterselie.

21. Gefrituurde Groentewontons

Maakt: 16 wontons

INGREDIËNTEN
- ¼ kopje fijngehakte wortelen
- ¼ kopje fijngehakte extra stevige tofu
- ¼ kopje fijngehakte shiitake-paddenstoelen
- ½ kopje fijngehakte kool
- 1 eetlepel gehakte knoflook
- 1 theelepel gedroogde gemalen gember
- ¼ theelepel witte peper
- 2 theelepels sojasaus, verdeeld
- 1 theelepel sesamolie
- 2 theelepels aardappelzetmeel of maizena
- 16 wontonvellen
- 1 tot 2 sprites koolzaadolie of extra vierge olijfolie
- Pittige Soja Dipsaus

INSTRUCTIES
a) Meng in een grote kom de wortels, tofu, champignons, kool, knoflook, gember, witte peper en 1 theelepel sojasaus.

b) Combineer in een kleine kom de resterende 1 theelepel sojasaus, sesamolie en aardappelzetmeel. Klop tot het zetmeel volledig is gecombineerd. Giet over de tofu en groenten en meng goed met je handen.

c) Zet een kleine kom met water naast je werkblad om de dumplings te maken. Leg een wontonvel plat, bevochtig de zijkanten met water met je vinger en leg 1 eetlepel van de vulling in het midden. Trek alle 4 de hoeken van de verpakking naar boven en naar het midden en knijp ze samen. Doe de wontons in de mand van de airfryer. Herhaal dit proces en maak in totaal 16 wontons. Spritz de wontons met de koolzaadolie. Kook gedurende 6 minuten op 360 °F en schud halverwege de kooktijd.

d) Leg de gebakken wontons op een bord en serveer met de dipsaus.

22. Magere cannoli met frambozensaus

Maakt: 6 Porties

INGREDIËNTEN
- 2 bakken; (15 oz) magere ricottakaas
- 12 wontons; (4 inch) wikkels
- Kookspray met botersmaak
- 1 theelepel maizena opgelost in 1 theelepel water; (voor pasta)
- 6 eetlepels Suiker
- $\frac{1}{2}$ theelepel vanille-extract
- $\frac{1}{4}$ theelepel amandelextract
- 3 kopjes verse frambozen
- 2 eetlepels banketbakkerssuiker; tot 4
- 2 theelepels citroenschil
- 1 eetlepel Gehakt; licht geroosterde pistachenoten

INSTRUCTIES
a) Giet de ricotta 6 tot 8 uur af
b) Verwarm de oven voor op 400 graden F. Spuit 12 cannoli-buizen licht in met kookspray. Begin bij de hoeken en wikkel wontons rond buizen. Lijm met schar of maïzena pasta. Spuit de buitenkant van de cannoli lichtjes in. Leg op een bakplaat en bak tot ze goudbruin en knapperig zijn, ongeveer 4 tot 6 minuten. Laat iets afkoelen en schuif het deeg dan van de kokers. Koel op een rooster.
c) Vulling: klop in een grote kom ricotta, suiker en extracten. Leg opzij of breng over in een spuitzak met een $\frac{1}{2}$-in. ster tip.
d) Saus: Pureer frambozen in een keukenmachine. Zeef de puree door een zeef in een kom. Klop

banketbakkerssuiker en citroenschil erdoor. (Het recept kan tot aan dit stadium enkele uren van tevoren worden bereid.) 5. Gebruik een spuitzak of een theelepel om $\frac{1}{4}$ c mengsel in elke schaal te doen. Bestrooi de uiteinden met gehakte pistachenoten.

e) Schep voor het serveren de frambozensaus op de dessertborden.

f) Leg op elk bord 2 cannoli bovenop frambozensaus en serveer onmiddellijk.

23. Wonton-cannoli

Maakt: 4 Porties

INGREDIËNTEN
24 wontonvellen
Pindaolie om in te frituren
Grof gemalen ongezouten pistachenoten
Extra banketbakkerssuiker
Munt takjes
VULLING:
1 lb. magere Ricotta-kaas, gladgeklopt
½ c gezeefde banketbakkerssuiker
1 theelepel puur vanille-extract
⅓ c geschaafde halfzoete chocolade

INSTRUCTIES
a) Verhit olie in friteuse tot 375. Werk met 6 wontonvellen per uur.

b) Bewaar de rest goed verpakt in vetvrij papier en gedrapeerd met een licht vochtige handdoek. Leg een wontonhuid op het werkoppervlak en plaats een cannolibuis diagonaal over het midden ervan. Als je geen cannoli tube hebt, maak er dan een tube van met wat aluminiumfolie. Breng de zijkanten van de huid omhoog over de tube. Dicht overlappende tips af met een beetje water. Vorm wontonhuiden rond de resterende 5 buizen. Bak, 2 tubes tegelijk, met de naad naar beneden in hete olie, gedurende 30 seconden of net tot ze goudbruin zijn. Verwijder met een tang en laat uitlekken op keukenpapier. Terwijl de schelpen nog heet zijn, duw je ze voorzichtig van de buisjes met een kleine metalen spatel en je vingers.

c) Herhaal dit met de resterende vellen en zorg ervoor dat de buizen volledig zijn afgekoeld voordat u ze met vellen omwikkelt.

Vulling:

d) Combineer ricotta, banketbakkerssuiker, vanille en chocolade.

e) Dek af en laat 2 uur of een nacht afkoelen. Serveren: lepel vulling in cannoli-schelpen. Een spuitzak is hier erg handig, of knip een hoekje van een boterhamzakje af en pers het mengsel eruit. Doop elk uiteinde van de vulling in pistachenoten. Schik op een serveerschaal. Zeef extra suiker over elk en garneer met takjes munt.

24. Zwarte Sesam Wonton Chips

Maakt 24 fiches

- 12 veganistische wontonvellen
- Geroosterde sesamolie
- 1/3 kopje zwarte sesamzaadjes
- Zout

Verwarm de oven voor op 450°F. Vet een bakplaat licht in en zet opzij. Snijd de wontonvellen kruiselings doormidden, bestrijk ze met sesamolie en leg ze in een enkele laag op de voorbereide bakplaat.

Bestrooi de wontonvellen met de sesamzaadjes en zout naar smaak en bak ze in 5 tot 7 minuten krokant en goudbruin. Koel volledig af voor het opdienen. Deze kunnen het beste worden gegeten op de dag dat ze worden gemaakt, maar eenmaal afgekoeld kunnen ze worden afgedekt en gedurende 1 tot 2 dagen bij kamertemperatuur worden bewaard.

25. Hete en pittige potstickers

MAAKT: 18 TOT 20 POTSTICKERS

Ingrediënten

Chili Pinda Olie
- ½ kopje sesamolie
- 1 teentje knoflook, geplet
- 2 eetlepels rauwe pinda's
- 1 eetlepel rauwe sesamzaadjes
- 1 tot 2 eetlepels gemalen rode pepervlokken
- 1 theelepel koosjer zout

Pot stickers
- 4 eetlepels sesamolie
- 1 (1-inch) stuk verse gember, geschild en geraspt
- 2 teentjes knoflook, geraspt
- 4 kopjes gehakte gemengde groenten
- 2 eetlepels natriumarme sojasaus
- 2 eetlepels groene uien, gehakt
- 18 tot 20 wontonvellen
- ⅓ kopje rauwe sesamzaadjes

Routebeschrijving

a) Maak de chili-olie. Meng in een kleine steelpan de sesamolie, knoflook, pinda's en sesamzaadjes. Plaats op middelhoog vuur en kook, al roerend, tot geurig, ongeveer 5 minuten. Haal de pan van het vuur en roer de rode pepervlokken erdoor. Licht iets koel. Breng het mengsel over in een keukenmachine en pulseer tot de pinda's fijngemalen zijn, 30 seconden tot 1 minuut. Voeg zout toe en pulseer opnieuw om te combineren.

b) Maak de vulling. Verhit 1 eetlepel sesamolie in een grote koekenpan op middelhoog vuur. Voeg als de olie glinstert de gember, knoflook en groenten toe en bak al roerend tot de groenten gaar zijn, 5 tot 10 minuten. Voeg de sojasaus en groene uien toe en kook tot alle vloeistof is verdampt, nog 2 tot 3 minuten. Haal de koekenpan van het vuur en laat afkoelen.

c) Monteer de potstickers. Leg de wontonvellen op een schoon werkvlak. Werk één voor één en schep 1 eetlepel vulling in het midden. Borstel water langs de randen en vouw het vel over de vulling om een halve maan te creëren, waarbij u de randen samenknijpt om ze af te dichten. Herhaal met de resterende vulling en wikkels.

d) Doe de sesamzaadjes in een ondiepe kom. Borstel de bodems van de potstickers met water en bagger ze vervolgens in de sesamzaadjes en druk ze aan om te hechten.

e) Veeg de koekenpan uit die gebruikt is om de vulling te maken en verwarm de resterende 3 eetlepels sesamolie op middelhoog vuur.

f) Werk in batches, als de olie glinstert, voeg wat potstickers toe en kook tot de bodems licht goudbruin zijn, 2 tot 3 minuten. Giet ¼ kopje water erbij en dek de koekenpan onmiddellijk af met een goed sluitend deksel. Let op: ga achteruit; het water zal spatten! Zet het vuur laag tot medium-laag en stoom de potstickers tot de wikkels helemaal zacht zijn, 3 tot 4 minuten. Herhaal met de resterende potstickers.

g) Laat afkoelen en serveer met de chili-olie ernaast om te dippen.

26. Japanse potstickers

Ingrediënten

- Wontonvellen van 1 ons
- 1 ½ kopje gehakte kool
- ½ kopje. Aziatische lente-uitjes, gehakt
- ¼ kopje. Wortels. Gehakt
- 1 pond gemalen varkensvlees
- sesamolie
- 1 teentje knoflook
- 1 knoflook, fijngehakt
- 1 eetlepel sojasaus
- 1 gember, geraspt

Routebeschrijving

a) Combineer het varkensvlees, de wortel, de kool, de sesamolie, de knoflook, de sojasaus en de gember tot ze goed zijn opgenomen.

b) Spreid de wontonvellen uit op een met bloem bestoven platform

c) Schep een lepel vulling in het midden van elk velletje

d) Bevochtig de wikkels met water en vouw ze elk tot een wikkel

e) Tweak de randen om een patroon te maken

f) Leg de knoedels in de verwarmde olie en bak ze goudbruin of kook ze in een stoompan

27. Kaasachtige Lente Kip Wraps

Porties: 12

2 grote kipfilets, gekookt en versnipperd
2 lente-uitjes, gesnipperd
10 ons (284 g) Ricotta-kaas
1 eetlepel rijstazijn
1 eetlepel melasse
1 theelepel geraspte verse gember
¼ kopje sojasaus
$1/3$ theelepel zeezout
¼ theelepel gemalen zwarte peper, of meer naar smaak
48 wontonvellen
Bak spray

Spray de mand van de airfryer in met kookspray.
Combineer alle ingrediënten, behalve de wikkels, in een grote kom. Gooi om goed te mengen.
Vouw de wikkels open op een schoon werkvlak, verdeel en schep het mengsel in het midden van de wikkels.
Dep een beetje water op de randen van de wikkels en vouw de rand naar je toe over de vulling. Stop de rand onder de vulling en rol op om te verzegelen.
Schik de wraps in de pan.
Plaats de mand van de heteluchtfriteuse op de bakpan en schuif in rekpositie 2, selecteer Air Fry, stel de temperatuur in op 375°F (190°C) en stel de tijd in op 5 minuten.
Draai de wraps halverwege de baktijd om.
Als het koken is voltooid, moeten de wraps lichtbruin zijn.
Serveer onmiddellijk.

SALADES EN BIJZIJDEN

28. Erwten-noedelsalade met wontonreepjes

Ingrediënten

- 8 Oz. Gepocheerde Kip, dun gesneden
- 8 Oz. Sesam-Pruimendressing
- 16 st. Mandarijn Segmenten
- 4 Oz. Krokante Rijstnoedels
- 4 Oz. Krokante Wontonreepjes
- 4 Oz. Blue Diamond Slivered Amandelen, geroosterd
- 2 theelepels. Zwart & Wit Sesamzaad
- 1 kop (150 g) gepelde verse erwten
- 250 gram sugarsnaps, schoongemaakt
- 250 gram peultjes, schoongemaakt
- 50 gram peultjes

Routebeschrijving

1. Doe alle ingrediënten in een mengkom.
2. Gooi de ingrediënten samen tot ze gelijkmatig zijn gecombineerd.
3. Meng de ingrediënten in een grote serveerschaal.
4. Leg de mandarijnpartjes rond de salade.
5. Garneer de salade met wat meer knapperige rijstnoedels en wontons.
6. Strooi de Blue Diamond geschaafde amandelen en sesamzaadjes over de salade
7. Garneer de salade met wat in dunne plakjes gesneden peultjes.

29. Gestapelde Kipsalade

Salade Ingrediënten
- 1 kop Napa-kool, in reepjes van 1/4-inch gesneden
- 1 kleine rode kool, ontpit en fijngehakt
- 2 grote wortelen, geschild en met linten
- 2 bosjes groene uien, in dunne plakjes gesneden
- 1 grote Engelse komkommer, in julienne gesneden
- 2 kopjes gekookte, gepelde Edamame
- 2 kopjes geroosterde pinda's
- 4 gegrilde of gebakken knoflookkipfilets, in blokjes
- 1 klein bosje korianderblaadjes, grof gehakt
- 2 rijpe Hass-avocado's, geschild, ontpit en in blokjes van 1/2-inch gesneden
- Limoen Koriander Thaise Pinda Dressing

Ingrediënten
- 1/4 rode paprika
- 1 klein bosje korianderblaadjes
- 4 eetlepels rauwe honing of pure ahornsuiker
- 3 eetlepels rijstazijn (gekruid of ongekruid)
- 3 eetlepels limoensap
- 2 tl Dijon-mosterd
- 1/2 theelepel Aziatische sesamolie
- 1/4 theelepel gehakte verse gember
- 1/2 theelepel koosjer zout
- 1/4 gemalen zwarte peper
- 3 eetlepels romige natuurlijke pindakaas
- 1 1/2 theelepel natriumarme sojasaus of tamari
- 1/4 theelepel gemalen rode pepervlokken
- 1/4 kopje extra vierge olijfolie of koolzaadolie

Knoflook Kip Ingrediënten
- 2 pond kippenborsten zonder botten en zonder vel
- 6 eetlepels olijfolie

- 2 eetlepels fijngehakte knoflook
- 1 eetlepel natriumarme sojasaus of tamari
- 1/2 theelepel koosjer zout
- Krokant Gebakken Wontons Ingrediënten
- 1 pak wontonvellen of 2 ons (1 bundel) rijststicks (fijn)
- olie meneer gevuld met hoogverhitte olie zoals Canola of geraffineerde saffloerolie

Routebeschrijving

1. Combineer olijfolie en kruiden in een grote Ziploc-zak. Voeg de kipfilets toe en schud/roer tot ze goed bedekt zijn.
2. Doe paprika en korianderblaadjes in een blender of de mengkom van een keukenmachine. Voeg de overige ingrediënten behalve de olijfolie toe. Verwerk tot een gladde massa, ongeveer 30 tot 60 seconden. voeg de olijfolie in een dun straaltje toe .
3. Grill de kip 3 tot 4 minuten aan elke kant. Enigszins koel.
4. Leg de wontons op een grote ingevette bakplaat. Spuit vervolgens een dun laagje olie over de bovenkant van alle wontons en bak ze goudbruin .
5. Plaats de Napa en rode kool, wortelen, lente-uitjes, komkommer en Edamame in een zeer grote mengkom en meng om te mengen. Voeg kipblokjes toe aan de mengkom.
6. Voeg vlak voor het serveren de pinda's en in blokjes gesneden avocado toe.
7. Sprenkel de dressing over de salade en garneer met stukjes wonton. Serveer onmiddellijk.

30. Mason jar Chinese kipsalade

Ingrediënten

- ½ kopje rijstwijnazijn
- 2 teentjes knoflook, geperst
- 1 eetlepel sesamolie
- 1 eetlepel vers geraspte gember
- 2 theelepels suiker, of meer naar smaak
- ½ theelepel natriumarme sojasaus
- 2 groene uien, in dunne plakjes gesneden
- 1 theelepel sesamzaadjes
- 2 wortels, geschild en geraspt
- 2 kopjes in blokjes gesneden Engelse komkommer
- 2 kopjes geraspte paarse kool
- 12 kopjes gehakte boerenkool
- 1 ½ kopje overgebleven in blokjes gesneden rotisserie-kip
- 1 kopje wontonreepjes

Routebeschrijving

a) VOOR DE VINAIGRETTE: Meng de azijn, knoflook, sesamolie, gember, suiker en sojasaus in een kleine kom. Verdeel de dressing in 4 (32-ounce) glazen potten met brede opening en deksel.

b) Top met groene uien, sesamzaadjes, wortelen, komkommer, kool, boerenkool en kip. Zet maximaal 3 dagen in de koelkast. Bewaar de wontonreepjes apart.

c) Schud voor het serveren de inhoud van een pot en voeg de wontonreepjes toe.

d) Serveer onmiddellijk.

31. Chinese Kipsalade Met Wontons

INGREDIËNTEN
4 kopjes geraspte snijsla
1 kopje geraspte gekookte kip
1/2 kopje geraspte wortelen
1/2 kop gehakte rode kool
1/2 kopje gesneden komkommer
1/2 kopje gesneden rode paprika
1/4 kopje gehakte koriander
1/4 kop gesneden groene ui
1/4 kopje gehakte pinda's
8 wontonvellen, gebakken en gehakt
Dressing:

2 eetlepels sojasaus
2 eetlepels rijstazijn
1 eetlepel honing
1 eetlepel sesamolie
1 eetlepel geraspte gember
1 teentje knoflook, fijngehakt
Routebeschrijving:

Meng in een grote kom snijsla, gekookte kip, geraspte wortelen, rode kool, komkommer, rode paprika, koriander, groene ui en gehakte pinda's.

Klop in een kleine kom sojasaus, rijstazijn, honing, sesamolie, geraspte gember en gehakte knoflook door elkaar om de dressing te maken.

Giet de dressing over de salade en hussel door elkaar.

Top met gehakte gebakken wontons.

Serveer onmiddellijk.

32. Wontonsalade Met Garnalen

INGREDIËNTEN

4 kopjes gemengde greens
1/2 kopje gekookte garnalen
1/2 kop in blokjes gesneden komkommer
1/2 kop gesneden kerstomaatjes
1/4 kop in blokjes gesneden rode ui
1/4 kop gesneden radijs
8 wontonvellen, gebakken en gehakt
Dressing:

3 eetlepels olijfolie
2 eetlepels balsamicoazijn
1 theelepel Dijon-mosterd
1 theelepel honing
Zout en peper naar smaak
Routebeschrijving:

Meng in een grote kom gemengde groenten, gekookte garnalen, in blokjes gesneden komkommer, in plakjes gesneden kerstomaatjes, in blokjes gesneden rode ui en in plakjes gesneden radijs.

Meng in een kleine kom olijfolie, balsamicoazijn, Dijon-mosterd, honing, zout en peper om de dressing te maken.

Giet de dressing over de salade en hussel door elkaar.

Top met gehakte gebakken wontons.

Serveer onmiddellijk.

33. Aziatische Salade Met Wontons

INGREDIËNTEN

4 kopjes gemengde greens
1/2 kopje gekookte geraspte kip
1/2 kopje geraspte wortelen
1/2 kopje gesneden komkommer
1/2 kopje gesneden rode paprika
1/4 kopje gehakte koriander
1/4 kop gesneden groene ui
8 wontonvellen, gebakken en gehakt
Dressing:

3 eetlepels rijstazijn
1 eetlepel sojasaus
1 eetlepel honing
1 teentje knoflook, fijngehakt
1/4 kopje plantaardige olie
Zout en peper naar smaak
Routebeschrijving:
Combineer in een grote kom gemengde groenten, gekookte geraspte kip, geraspte wortelen, gesneden komkommer, gesneden rode paprika, koriander en groene ui.

Meng in een kleine kom rijstazijn, sojasaus, honing, gehakte knoflook, plantaardige olie, zout en peper om de dressing te maken.

Giet de dressing over de salade en hussel door elkaar.
Top met gehakte gebakken wontons.
Serveer onmiddellijk.

34. Pittige Wontonsalade

INGREDIËNTEN

4 kopjes gehakte ijsbergsla
1/2 kopje gekookt gemalen varkensvlees
1/2 kopje gesneden komkommer
1/2 kopje gesneden rode paprika
1/4 kop gesneden groene ui
8 wontonvellen, gebakken en gehakt
Dressing:
2 eetlepels rijstazijn
1 eetlepel sojasaus
1 eetlepel hoisinsaus
1 eetlepel srirachasaus
1 teentje knoflook, fijngehakt
1/4 kopje plantaardige olie
Zout en peper naar smaak

Routebeschrijving:
Combineer in een grote kom gehakte ijsbergsla, gekookt gemalen varkensvlees, gesneden komkommer, gesneden rode paprika en gesneden groene ui.

Meng in een kleine kom rijstazijn, sojasaus, hoisinsaus, srirachasaus, gehakte knoflook, plantaardige olie, zout en peper om de dressing te maken.

Giet de dressing over de salade en hussel door elkaar.

Top met gehakte gebakken wontons.

Serveer onmiddellijk.

35. Sesam Gember Wonton Salade

INGREDIËNTEN

4 kopjes gemengde greens
1/2 kopje gekookte garnalen
1/2 kopje gesneden komkommer
1/2 kopje gesneden rode paprika
1/4 kopje gehakte koriander
1/4 kop gesneden groene ui
8 wontonvellen, gebakken en gehakt

Dressing:
3 eetlepels rijstazijn
1 eetlepel sojasaus
1 eetlepel honing
1 teentje knoflook, fijngehakt
1 eetlepel sesamolie
1 eetlepel geraspte gember
Zout en peper naar smaak

Routebeschrijving:
Meng in een grote kom gemengde groenten, gekookte garnalen, gesneden komkommer, gesneden rode paprika, koriander en groene ui.

Meng in een kleine kom rijstazijn, sojasaus, honing, gehakte knoflook, sesamolie, geraspte gember, zout en peper om de dressing te maken.

Giet de dressing over de salade en hussel door elkaar.
Top met gehakte gebakken wontons.
Serveer onmiddellijk.

36. Avocadowontonsalade

INGREDIËNTEN

4 kopjes gemengde greens
1 avocado, in plakjes
1/2 kopje cherrytomaatjes
1/2 kopje gesneden rode ui
1/4 kopje gehakte koriander
8 wontonvellen, gebakken en gehakt
Dressing:

2 eetlepels olijfolie
1 eetlepel limoensap
1 teentje knoflook, fijngehakt
Zout en peper naar smaak
Routebeschrijving:

Meng in een grote kom gemengde groenten, gesneden avocado, kerstomaatjes, gesneden rode ui en koriander.

Meng in een kleine kom olijfolie, limoensap, gehakte knoflook, zout en peper om de dressing te maken.

Giet de dressing over de salade en hussel door elkaar.

Top met gehakte gebakken wontons.

Serveer onmiddellijk.

37. Thaise wontonsalade

INGREDIËNTEN

4 kopjes gehakte snijsla
1/2 kopje gekookte gemalen kip
1/2 kopje gesneden komkommer
1/2 kopje gesneden rode ui
1/4 kopje gehakte koriander
1/4 kop gesneden groene ui
8 wontonvellen, gebakken en gehakt
Dressing:

3 eetlepels limoensap
1 eetlepel vissaus
1 eetlepel honing
1 teentje knoflook, fijngehakt
1/4 kopje plantaardige olie
Zout en peper naar smaak
Routebeschrijving:

Combineer in een grote kom gehakte snijsla, gekookte gemalen kip, gesneden komkommer, gesneden rode ui, koriander en groene ui.
Meng in een kleine kom limoensap, vissaus, honing, gehakte knoflook, plantaardige olie, zout en peper om de dressing te maken.
Giet de dressing over de salade en hussel door elkaar.
4. Top met gehakte gebakken wontons.

Serveer onmiddellijk.

38. Gegrilde Kip Wonton Salade

INGREDIËNTEN

4 kopjes gemengde greens
1 gegrilde kipfilet, in plakjes
1/2 kop gesneden wortel
1/2 kopje gesneden rode paprika
1/4 kopje gehakte koriander
8 wontonvellen, gebakken en gehakt
Dressing:

2 eetlepels rijstazijn
1 eetlepel sojasaus
1 eetlepel honing
1 teentje knoflook, fijngehakt
1/4 kopje plantaardige olie
Zout en peper naar smaak
Routebeschrijving:

Meng in een grote kom gemengde groenten, gesneden gegrilde kipfilet, gesneden wortel, gesneden rode paprika en koriander.

Meng in een kleine kom rijstazijn, sojasaus, honing, gehakte knoflook, plantaardige olie, zout en peper om de dressing te maken.

Giet de dressing over de salade en hussel door elkaar.

Top met gehakte gebakken wontons.

Serveer onmiddellijk.

39. Pittige Tonijn Wonton Salade

INGREDIËNTEN

4 kopjes gemengde greens
1/2 kopje pittige tonijn
1/2 kopje gesneden avocado
1/2 kopje gesneden komkommer
1/4 kop gesneden groene ui
8 wontonvellen, gebakken en gehakt
Dressing:

2 eetlepels sojasaus
1 eetlepel rijstazijn
1 eetlepel honing
1 teentje knoflook, fijngehakt
1 eetlepel sesamolie
Zout en peper naar smaak
Routebeschrijving:

Meng in een grote kom gemengde groenten, pittige tonijn, gesneden avocado, gesneden komkommer en groene ui.

Meng in een kleine kom sojasaus, rijstazijn, honing, gehakte knoflook, sesamolie, zout en peper om de dressing te maken.

Giet de dressing over de salade en hussel door elkaar.

Top met gehakte gebakken wontons.

Serveer onmiddellijk.

40. BBQ Kip Wonton Salade

INGREDIËNTEN

4 kopjes gemengde greens
1/2 kopje BBQ-kip, in plakjes
1/2 kopje gesneden rode ui
1/2 kopje gesneden avocado
1/4 kopje gehakte koriander
8 wontonvellen, gebakken en gehakt
Dressing:

2 eetlepels barbecuesaus
1 eetlepel ranchdressing
1 teentje knoflook, fijngehakt
Zout en peper naar smaak
Routebeschrijving:

Meng in een grote kom gemengde groenten, gesneden BBQ-kip, gesneden rode ui, gesneden avocado en koriander.
Klop in een kleine kom BBQ-saus, ranchdressing, gehakte knoflook, zout en peper door elkaar om de dressing te maken.
Giet de dressing over de salade en hussel door elkaar.
Top met gehakte gebakken wontons.
Serveer onmiddellijk.

41. Garnalen en Mango Wonton Salade

INGREDIËNTEN

4 kopjes gemengde greens
1/2 kopje gekookte garnalen
1/2 kop in blokjes gesneden mango
1/4 kop in blokjes gesneden rode ui
1/4 kopje gehakte koriander
8 wontonvellen, gebakken en gehakt
Dressing:

2 eetlepels limoensap
1 eetlepel honing
1 eetlepel olijfolie
1 teentje knoflook, fijngehakt
Zout en peper naar smaak
Routebeschrijving:

Meng in een grote kom gemengde groenten, gekookte garnalen, in blokjes gesneden mango, in blokjes gesneden rode ui en koriander.

Meng in een kleine kom limoensap, honing, olijfolie, gehakte knoflook, zout en peper om de dressing te maken.

Giet de dressing over de salade en hussel door elkaar.

Top met gehakte gebakken wontons.

Serveer onmiddellijk.

42. Thaise Pinda Wonton Salade

INGREDIËNTEN

4 kopjes gemengde greens
1/2 kopje gekookte kip, in plakjes
1/4 kopje gesneden komkommer
1/4 kopje gesneden rode paprika
1/4 kop gesneden wortel
8 wontonvellen, gebakken en gehakt

Dressing:
2 eetlepels pindakaas
1 eetlepel sojasaus
1 eetlepel rijstazijn
1 eetlepel honing
1 teentje knoflook, fijngehakt
1 eetlepel water
Zout en peper naar smaak

Routebeschrijving:
Meng in een grote kom gemengde groenten, gesneden gekookte kip, gesneden komkommer, gesneden rode paprika en gesneden wortel.

Meng in een kleine kom pindakaas, sojasaus, rijstazijn, honing, gehakte knoflook, water, zout en peper om de dressing te maken.

Giet de dressing over de salade en hussel door elkaar.

Top met gehakte gebakken wontons.
Serveer onmiddellijk.

43. Teriyaki Tofu Wonton Salade

INGREDIËNTEN

4 kopjes gemengde greens
1/2 kopje teriyaki tofu, in plakjes
1/4 kopje gesneden rode ui
1/4 kop gesneden wortel
1/4 kopje gehakte koriander
8 wontonvellen, gebakken en gehakt
Dressing:

2 eetlepels sojasaus
1 eetlepel rijstazijn
1 eetlepel honing
1 teentje knoflook, fijngehakt
1 eetlepel sesamolie
Zout en peper naar smaak
Routebeschrijving:

Combineer in een grote kom gemengde groenten, gesneden teriyaki tofu, gesneden rode ui, gesneden wortel en koriander.

Meng in een kleine kom sojasaus, rijstazijn, honing, gehakte knoflook, sesamolie, zout en peper om de dressing te maken.

Giet de dressing over de salade en hussel door elkaar.

Top met gehakte gebakken wontons.

Serveer onmiddellijk.

44. Caprese Wontonsalade

INGREDIËNTEN

4 kopjes gemengde greens
1/2 kopje kerstomaatjes, gehalveerd
1/2 kopje verse mozzarellaballen, gehalveerd
1/4 kopje gehakte basilicum
8 wontonvellen, gebakken en gehakt
Dressing:

2 eetlepels balsamicoazijn
1 eetlepel olijfolie
Zout en peper naar smaak
Routebeschrijving:

Meng in een grote kom gemengde groenten, kerstomaatjes, verse mozzarella en basilicum.
Meng in een kleine kom balsamicoazijn, olijfolie, zout en peper om de dressing te maken.
Giet de dressing over de salade en hussel door elkaar.
Top met gehakte gebakken wontons.
5. Serveer onmiddellijk.

45. Pittige Tonijn Wonton Salade

INGREDIËNTEN

4 kopjes gemengde greens
1/2 kop ingeblikte tonijn, uitgelekt
1/4 kopje gesneden rode ui
1/4 kopje gesneden komkommer
1/4 kopje gehakte koriander
8 wontonvellen, gebakken en gehakt
Dressing:

2 eetlepels sriracha
1 eetlepel rijstazijn
1 eetlepel honing
1 teentje knoflook, fijngehakt
Zout en peper naar smaak
Routebeschrijving:

Meng in een grote kom gemengde groenten, ingeblikte tonijn, gesneden rode ui, gesneden komkommer en koriander.

Meng in een kleine kom sriracha, rijstazijn, honing, gehakte knoflook, zout en peper om de dressing te maken.

Giet de dressing over de salade en hussel door elkaar.

Top met gehakte gebakken wontons.

Serveer onmiddellijk.

46. <u>Antipasto Wonton Salade</u>

INGREDIËNTEN

4 kopjes gemengde greens
1/4 kop gesneden salami
1/4 kopje gesneden pepperoni
1/4 kop gesneden provolone-kaas
1/4 kopje gesneden geroosterde rode paprika's
8 wontonvellen, gebakken en gehakt
Dressing:

2 eetlepels rode wijnazijn
1 eetlepel olijfolie
1 teentje knoflook, fijngehakt
Zout en peper naar smaak
Routebeschrijving:

Meng in een grote kom gemengde groenten, gesneden salami, gesneden pepperoni, gesneden Provolone-kaas en gesneden geroosterde rode pepers.

Meng in een kleine kom rode wijnazijn, olijfolie, gehakte knoflook, zout en peper om de dressing te maken.

Giet de dressing over de salade en hussel door elkaar.

Top met gehakte gebakken wontons.

Serveer onmiddellijk.

47. Zuidwestelijke wontonsalade

INGREDIËNTEN

4 kopjes gemengde greens
1/2 kop zwarte bonen, gespoeld en uitgelekt
1/2 kopje maïskorrels
1/4 kop in blokjes gesneden avocado
1/4 kop in blokjes gesneden rode ui
1/4 kopje gehakte koriander
8 wontonvellen, gebakken en gehakt
Dressing:

2 eetlepels limoensap
1 eetlepel olijfolie
1 teentje knoflook, fijngehakt
1/2 theelepel chilipoeder
Zout en peper naar smaak
Routebeschrijving:

Meng in een grote kom gemengde groenten, zwarte bonen, maïskorrels, in blokjes gesneden avocado, in blokjes gesneden rode ui en gehakte koriander.

Meng in een kleine kom limoensap, olijfolie, gehakte knoflook, chilipoeder, zout en peper om de dressing te maken.

Giet de dressing over de salade en hussel door elkaar.

Top met gehakte gebakken wontons.

Serveer onmiddellijk.

48. Gegrilde Kip Caesar Wonton Salade

INGREDIËNTEN

4 kopjes snijsla, gehakt
1/2 kopje gegrilde kip, in plakjes
1/4 kopje geschaafde Parmezaanse kaas
1/4 kopje croutons
8 wontonvellen, gebakken en gehakt
Dressing:

2 eetlepels mayonaise
1 eetlepel citroensap
1 teentje knoflook, fijngehakt
1 theelepel Dijon-mosterd
Zout en peper naar smaak
Routebeschrijving:

Combineer in een grote kom gehakte snijsla, gesneden gegrilde kip, geschaafde Parmezaanse kaas en croutons. Meng in een kleine kom mayonaise, citroensap, gehakte knoflook, Dijon-mosterd, zout en peper om de dressing te maken.
3. Giet de dressing over de salade en hussel door elkaar.

Top met gehakte gebakken wontons.

Serveer onmiddellijk.

49. Griekse wontonsalade

INGREDIËNTEN

4 kopjes gemengde greens
1/4 kopje verkruimelde fetakaas
1/4 kop gesneden Kalamata-olijven
1/4 kopje gesneden komkommer
1/4 kopje in blokjes gesneden tomaten
8 wontonvellen, gebakken en gehakt
Dressing:

2 eetlepels rode wijnazijn
1 eetlepel olijfolie
1 teentje knoflook, fijngehakt
1/2 theelepel gedroogde oregano
Zout en peper naar smaak
Routebeschrijving:

Meng in een grote kom gemengde groenten, verkruimelde fetakaas, in plakjes gesneden Kalamata-olijven, in plakjes gesneden komkommer en in blokjes gesneden tomaat.

Meng in een kleine kom rode wijnazijn, olijfolie, gehakte knoflook, gedroogde oregano, zout en peper om de dressing te maken.

Giet de dressing over de salade en hussel door elkaar.

Top met gehakte gebakken wontons.

Serveer onmiddellijk.

50. Geroosterde Bieten En Geitenkaas Wonton Salade

INGREDIËNTEN

4 kopjes rucola
1/2 kopje geroosterde bieten, in plakjes
1/4 kopje verkruimelde geitenkaas
1/4 kopje gehakte walnoten
8 wontonvellen, gebakken en gehakt
Dressing:

2 eetlepels balsamicoazijn
1 eetlepel olijfolie
1 teentje knoflook, fijngehakt
1 theelepel honing
Zout en peper naar smaak
Routebeschrijving:

Combineer rucola, gesneden geroosterde bieten, verkruimelde geitenkaas en gehakte walnoten in een grote kom.
Meng in een kleine kom balsamicoazijn, olijfolie, gehakte knoflook, honing, zout en peper om de dressing te maken.
Giet de dressing over de salade en hussel door elkaar.
Top met gehakte gebakken wontons.
Serveer onmiddellijk.

SOEP

51. Keto Wonton-soep

- 6 ons varkensvlees, grof gehakt
- 8 middelgrote garnalen, gepeld en gemalen
- 1 eetlepel Chinese wijn of droge sherry
- 2 eetlepels lichte sojasaus
- 1 theelepel fijngehakte lente-ui
- 1 theelepel fijngehakte verse gember
- 24 wontonvellen
- 3 kopjes kippenbouillon
- Fijn gesneden lente-uitjes, twee garnituren.

Meng in een kom het gehakte varkensvlees en de gemalen garnalen met de Rijstwijn of sherry, 1 T van de sojasaus, de lente-uitjes en de gehakte gember. Meng goed en zet 25-30 minuten opzij zodat de smaken zich kunnen vermengen.

Leg 1 ton vulling in het midden van elk wontonvelletje.

Maak de randen van elke wonton nat met een beetje water en druk ze samen met je vingers om ze te verzegelen, en vouw dan elke wonton om.

Om te koken, breng de bouillon aan de kook in een wok, voeg de wontons toe en kook gedurende 4-5 minuten. Voeg de resterende sojasaus en lente-uitjes toe, breng over naar individuele soepkommen en serveer.

52. Klassieke Wonton- bouillonsoep

INGREDIËNTEN
- 40 grote wontonvellen

VOOR DE WONTON VULLING - GARNALEN:
- 20 middelgrote garnalen, gepeld en ontdarmd, in de lengte gehalveerd
- ½ theelepel koosjer zout
- ½ theelepel maizena
- 1 theelepel extra vierge olijfolie

VOOR DE WONTON VULLING - VARKENSVLEES:
- 1 pond 80% mager gemalen varkensvlees
- 1 ½ eetlepel verse gember, fijngehakt
- 1 eetlepel Shaoxing rijstwijn
- 2 eetlepels lichte sojasaus
- 2 theelepels maizena
- 1 theelepel bruine suiker
- 2 eetlepels extra vierge olijfolie
- ½ theelepel koosjer zout, verdeeld
- 6 ons waterkers, gehakt (ongeveer 4 kopjes)

VOOR DE WONTON BROTH SOEP BASIS:
- 8 kopjes Chicken Bone Broth (4 dozen)
- 2 kopjes waterkers of andere gewenste groene groenten (optioneel)
- Zout en peper naar smaak
- Gehakte groene ui voor garnering
- Hete chili-olie of sesamolie om te besprenkelen (optioneel)

INSTRUCTIES

a) Combineer de garnalenvulling **INGREDIËNTEN** in een kleine kom en meng goed. Opzij zetten.

b) Combineer varkensvlees, gember, Shaoxing-wijn, lichte sojasaus, maizena en suiker in een grote mengkom. Goed roeren.
c) Voeg olijfolie, zout en waterkers toe aan het varkensvleesmengsel. Gebruik beide handen om alle ingrediënten door elkaar te mengen.
d) Bereid een vlak werkoppervlak voor door met een beetje bloem te bestuiven. Spreid het uit met je hand. Zet een kleine kom met water aan de zijkant klaar.
e) Wikkel nu de wontons in. Leg een wikkel plat op je handpalm, met de smalle kant naar je toe. Schep ongeveer 1 eetlepel varkensvulling op en plaats deze in het midden van de wontonwikkel. Leg er een stukje garnaal bovenop.
f) Til de smalle kant van het vel op en vouw het naar de brede kant van het vel, zodat de vulling volledig bedekt is. De smalle kant moet omhoog gaan tot het punt waar er nog ongeveer een centimeter ruimte over is aan de brede kant.
g) Dompel je duim een beetje in het water. Gebruik je vingers om de smalle en brede randen van de wikkels rond de vulling samen te knijpen, buig de wonton vervolgens in de vorm van een verpleegstershoed en gebruik je natte duim om de twee uiteinden tegen elkaar te drukken.
h) Herhaal met de rest van de wikkels en plaats de wontons op het werkoppervlak in een enkele laag met een kleine afstand tussen elke laag.
i) Breng een grote pan water aan de kook, voeg het aantal wontons toe dat je wilt koken. Laat ze ongeveer 5

minuten koken tot ze boven komen drijven. Proef er een om te zien of de vulling gaar is.

j) Breng tegelijkertijd kippenbouillon (2 kopjes voor 10-12 wontons) aan de kook in een andere pan. Voeg wat waterkers of je gewenste groene groenten toe, zoals baby paksoi. Kook tot de groenten geslonken zijn, ongeveer 1-2 minuten. Breng op smaak met zout en peper.

k) Breng de bouillonsoepbasis over in een serveerschaal en laat de gekookte wontons met een schuimspaan in de kom vallen. Garneer met gehakte groene uien en besprenkel met hete chili-olie of sesamolie indien gewenst. Genieten!

53. Wonton Knoedelsoep

Portie: 6
INGREDIËNTEN
- Wontonwikkels, vierentwintig
- Fijngehakte lente-ui, een theel.
- Fijngehakte gember, een tl.
- Sojasaus, een eetl.
- Bruine suiker, een theelepel.
- Kipfilet, versnipperd, twee
- Verse spinazie, een kopje
- Garnalen, een pond
- Waterkastanjes, acht ons
- Champignon, in plakjes, een kopje
- Rijstwijn, een eetl.
- Gemalen varkensvlees, acht ons

INSTRUCTIES

a) Breng de kippenbouillon aan de kook en voeg dan alle ingrediënten toe.

b) Kook tot de kip en garnalen gaar zijn, ongeveer 10 minuten.

c) Meng in een kom het varkensvlees, gemalen garnalen, bruine suiker, rijstwijn of sherry, sojasaus, lente-uitjes en gehakte gember.

d) Meng goed en zet 25-30 minuten opzij zodat de smaken zich kunnen vermengen.

e) Voeg een theelepel toe. van de vulling in het midden van elk wontonvelletje.

f) Maak de randen van elke wonton nat met een beetje water en druk ze samen met je vingers om ze te verzegelen.

g) Om te koken, voeg wontons toe aan de kokende kippenbouillon en kook gedurende 4-5 minuten.

54. Wontons In Een Lichte Sesam-Soja Bouillon Met Erwten

Maakt: 4 Porties

INGREDIËNTEN
WONTONS
2 kopjes fijngehakte Chinese kool
2 eetlepels fijngesneden gele ui
¼ kopje fijngehakte groene uien
1 eetlepel Nama Shoyu of Bragg Liquid Aminos
1 eetlepel geroosterde sesamolie
1 recept Apple Crepes, gedehydrateerd zoals aangegeven
SOEP BASIS
½ kopje erwten, vers of diepvries
4 kopjes water

INSTRUCTIES
Om de wontonvulling te maken, plaats je de kool, groene uien, Nama
Shoyu en sesamolie in een kom en meng om goed te mengen. Zet minimaal 15 minuten opzij om te marineren en zacht te worden.

Om de wontonvellen te maken, snijdt u de appelpannenkoeken in zestien vierkanten van 3½ inch.

Om de wontons te vullen, knijpt u eerst alle overtollige vloeistof uit de gemarineerde vulling en bewaart u de marinade voor gebruik in de soepbasis. Leg vervolgens een theelepel vulling in het midden van elk wontonvelletje. Houd de verpakking met de glanzende kant naar boven; dat is de kant die tegen de voering zat. Vouw diagonaal doormidden om een driehoek te maken, zorg ervoor dat de uiteinden elkaar raken. Druk stevig op de uiteinden om te verzegelen. Maak de hoeken van je driehoek nat door je vingertop in een kleine kom met water te dompelen en de twee uiteinden samen te brengen zodat ze elkaar overlappen. Druk om te verzegelen.

Om de soepbasis te maken, giet je de marinade in een grote kom, samen met erwten en water. Goed mengen. Schep in vier serveerschalen. Voeg de wontons toe en serveer direct.

55. Simpele wontonsoep

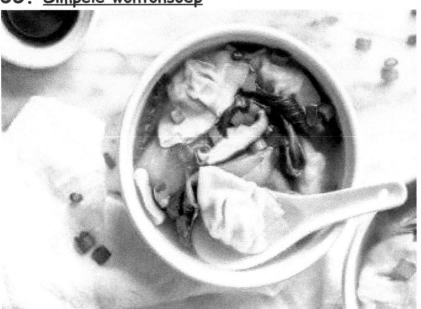

INGREDIËNTEN
- 10 ons baby paksoi of soortgelijke groene groente
- 1 kopje gemalen varkensvlees
- 2½ eetlepel sesamolie
- Snufje witte peper
- 1 eetlepel gekruide sojasaus
- ½ theelepel zout
- 1 eetlepel Shaoxing-wijn
- 1 pak wontonvellen
- 6 kopjes goede kippenbouillon
- 1 eetlepel sesamolie
- Witte peper en zout naar smaak
- 1 lente-ui, fijngehakt

INSTRUCTIES
a) Begin met het grondig wassen van de groenten. Breng een grote pan water aan de kook en blancheer de groenten tot ze geslonken zijn. Giet af en spoel af in koud water. Pak een flinke klomp groenten en knijp er voorzichtig zoveel mogelijk water uit. Hak de groenten heel fijn (je kunt het proces ook versnellen door ze in de keukenmachine te gooien).

b) Voeg in een middelgrote kom de fijngehakte groenten, gemalen varkensvlees, sesamolie, witte peper, sojasaus, zout en Shaoxing-wijn toe. Meng heel grondig totdat het mengsel geëmulgeerd is - bijna als een pasta.

c) Nu is het tijd om te monteren! Vul een kleine kom met water. Pak een wikkel en gebruik je vinger om de randen van de wikkel vochtig te maken. Voeg iets meer dan een theelepel vulling toe aan het midden. Vouw de verpakking dubbel en druk de twee kanten tegen elkaar zodat je een stevige afsluiting krijgt.

d) Houd de onderste twee hoeken van de kleine rechthoek die je zojuist hebt gemaakt vast en breng de twee hoeken bij elkaar. Je kunt een beetje water gebruiken om ervoor te zorgen dat ze blijven plakken. En dat is het! Blijf monteren tot alle vulling op is. Leg de wontons op een bakplaat of bord bekleed met bakpapier om plakken te voorkomen.

e) Op dit punt kun je de wontons bedekken met plasticfolie, de bakplaat/-plaat in de vriezer leggen en ze in Ziploc-zakken doen zodra ze bevroren zijn. Ze blijven een paar maanden goed in de vriezer en zijn klaar voor wontonsoep wanneer je maar wilt.

f) Om de soep te maken, verwarm je de kippenbouillon tot het kookpunt en voeg je sesamolie, witte peper en zout toe.

g) Breng een aparte pan water aan de kook. Voeg de wontons voorzichtig een voor een toe aan de pot. Roer om te voorkomen dat de wontons aan de bodem blijven plakken. Maak je geen zorgen als ze blijven plakken, ze zouden los moeten komen zodra ze gaar zijn. Ze zijn gaar als ze drijven. Pas op dat u ze niet te gaar maakt.

h) Haal de wontons met een schuimspaan uit de pan en doe ze in kommen. Giet de soep over de wontons en garneer met fijngehakte lente-uitjes. Dienen!

56. Klassieke Varkenswontonsoep

INGREDIËNTEN

Wonton-wikkels
1 pond gemalen varkensvlees
2 teentjes knoflook, fijngehakt
1 el sojasaus
1 el sesamolie
1 el rijstwijn
2 groene uien, gehakt
Zout en peper naar smaak
6 kopjes kippenbouillon

INSTRUCTIES

Meng in een mengkom het gemalen varkensvlees, knoflook, sojasaus, sesamolie, rijstwijn, groene uien, zout en peper.
Leg een kleine lepel van het varkensvleesmengsel in het midden van elk wontonvelletje.
Maak de randen van het wontonvel nat met water, vouw dubbel en druk dicht.
Breng in een pan de kippenbouillon aan de kook.
Voeg de wontons toe aan de pan en kook 5-7 minuten, of tot ze naar de oppervlakte komen drijven.
Heet opdienen.

57. Vegetarische Wontonsoep

INGREDIËNTEN

Wonton-wikkels
1/2 kopje gehakte champignons
1/2 kopje gehakte wortelen
1/2 kopje gehakte selderij
1/2 kopje gehakte kool
1/4 kopje gehakte groene uien
2 teentjes knoflook, fijngehakt
1 el sojasaus
1 el sesamolie
6 kopjes groentebouillon

INSTRUCTIES

Fruit in een pan de champignons, wortelen, selderij, kool, groene uien en knoflook een paar minuten.
Voeg de sojasaus en sesamolie toe en kook verder tot de groenten gaar zijn.
Schep een kleine lepel van het groentemengsel in het midden van elk wontonvelletje.
Maak de randen van het wontonvel nat met water, vouw dubbel en druk dicht.
Breng in een pan de groentebouillon aan de kook.
Voeg de wontons toe aan de pan en kook 5-7 minuten, of tot ze naar de oppervlakte komen drijven.
Heet opdienen.

58. Wontonsoep met kip en groenten

INGREDIËNTEN

Wonton-wikkels
1/2 pond gemalen kip
1/2 kopje gehakte champignons
1/2 kopje gehakte wortelen
1/2 kopje gehakte selderij
1/4 kopje gehakte groene uien
2 teentjes knoflook, fijngehakt
1 el sojasaus
1 el sesamolie
6 kopjes kippenbouillon

INSTRUCTIES

Bak in een pan de gemalen kip, champignons, wortelen, selderij, groene uien en knoflook een paar minuten.
Voeg de sojasaus en sesamolie toe en kook verder tot de groenten gaar zijn en de kip gaar is.
Leg een kleine lepel van het kip-groentemengsel in het midden van elk wontonvelletje.
Maak de randen van het wontonvel nat met water, vouw dubbel en druk dicht.
Breng in een pan de kippenbouillon aan de kook.
Voeg de wontons toe aan de pan en kook 5-7 minuten, of tot ze naar de oppervlakte komen drijven.
Heet opdienen.

59. Pittige Garnalenwontonsoep

INGREDIËNTEN

Wonton-wikkels
1/2 pond garnalen, gepeld en ontdarmd
1/2 kopje gehakte champignons
1/2 kopje gehakte wortelen
1/2 kopje gehakte selderij
1/4 kopje gehakte groene uien
2 teentjes knoflook, fijngehakt
1 el sojasaus
1 el sesamolie
1 el chilivlokken (of meer, naar smaak)
6 kopjes kippenbouillon

INSTRUCTIES

Fruit in een pan de garnalen, champignons, wortelen, selderij, groene uien en knoflook een paar minuten.
Voeg de sojasaus, sesamolie en chilivlokken toe en kook verder tot de groenten zacht zijn en de garnalen gaar zijn.
Leg een kleine lepel van het mengsel van garnalen en groenten in het midden van elk wontonvelletje.
Maak de randen van het wontonvel nat met water, vouw dubbel en druk dicht.
Breng in een pan de kippenbouillon aan de kook.
Voeg de wontons toe aan de pan en kook 5-7 minuten, of tot ze naar de oppervlakte komen drijven.
Heet opdienen.

60. Thaise Kokos Curry Wonton Soep

INGREDIËNTEN

Wonton-wikkels
1/2 pond gemalen varkensvlees
1/2 kopje gehakte champignons
1/2 kopje gehakte wortelen
1/2 kopje gehakte paprika
2 teentjes knoflook, fijngehakt
1 el rode currypasta
1 el vissaus
1 el bruine suiker
1 blik (13,5 oz) kokosmelk
6 kopjes kippenbouillon

INSTRUCTIES

Fruit in een pan het varkensgehakt, de champignons, de wortelen, de paprika en de knoflook een paar minuten.

Voeg de rode currypasta, vissaus en bruine suiker toe en laat nog een minuut koken.

Voeg de kokosmelk en kippenbouillon toe en breng aan de kook.

Leg een kleine lepel van het mengsel van varkensvlees en groenten in het midden van elk wontonvelletje.

Maak de randen van het wontonvel nat met water, vouw dubbel en druk dicht.

Breng de soep in een pan aan de kook.

Voeg de wontons toe aan de pan en kook 5-7 minuten, of tot ze naar de oppervlakte komen drijven.

Heet opdienen.

61. Gember Pork Wonton Soep

INGREDIËNTEN

Wonton-wikkels
1 pond gemalen varkensvlees
2 teentjes knoflook, fijngehakt
2 el geraspte gember
1 el sojasaus
1 el sesamolie
6 kopjes kippenbouillon
1/4 kopje gehakte groene uien

INSTRUCTIES

Meng in een mengkom het gemalen varkensvlees, knoflook, gember, sojasaus, sesamolie en groene uien.

Leg een kleine lepel van het varkensvleesmengsel in het midden van elk wontonvelletje.

Maak de randen van het wontonvel nat met water, vouw dubbel en druk dicht.

Breng in een pan de kippenbouillon aan de kook.

Voeg de wontons toe aan de pan en kook 5-7 minuten, of tot ze naar de oppervlakte komen drijven.

Heet opdienen.

62. Knoflook Garnalen Wonton Soep

INGREDIËNTEN

Wonton-wikkels
1/2 pond garnalen, gepeld en ontdarmd
2 teentjes knoflook, fijngehakt
1 el sojasaus
1 el sesamolie
6 kopjes kippenbouillon
1/4 kopje gehakte groene uien

INSTRUCTIES

Meng in een mengkom de garnalen, knoflook, sojasaus, sesamolie en groene uien.
Schep een kleine lepel van het garnalenmengsel in het midden van elk wontonvelletje.
Maak de randen van het wontonvel nat met water, vouw dubbel en druk dicht.
Breng in een pan de kippenbouillon aan de kook.
Voeg de wontons toe aan de pan en kook 5-7 minuten, of tot ze naar de oppervlakte komen drijven.
6. Serveer warm.

63. Pittige Szechuan Wontonsoep

INGREDIËNTEN

Wonton-wikkels
1/2 pond gemalen varkensvlees
1/4 kopje gehakte groene uien
2 teentjes knoflook, fijngehakt
1 el sojasaus
1 el chilipasta
1 el hoisinsaus
1 el rijstazijn
6 kopjes kippenbouillon

INSTRUCTIES

Meng in een mengkom het gemalen varkensvlees, groene uien, knoflook, sojasaus, chilipasta, hoisinsaus en rijstazijn.

Leg een kleine lepel van het varkensvleesmengsel in het midden van elk wontonvelletje.

Maak de randen van het wontonvel nat met water, vouw dubbel en druk dicht.

Breng in een pan de kippenbouillon aan de kook.

Voeg de wontons toe aan de pan en kook 5-7 minuten, of tot ze naar de oppervlakte komen drijven.

Heet opdienen.

64. Vegetarische Wontonsoep

INGREDIËNTEN

Wonton-wikkels
1/4 kopje gehakte shiitake-paddenstoelen
1/4 kopje gehakte wortelen
1/4 kopje gehakte paprika
1/4 kopje gehakte groene uien
2 teentjes knoflook, fijngehakt
1 el sojasaus
1 el sesamolie
6 kopjes groentebouillon

INSTRUCTIES

Fruit in een pan de champignons, wortelen, paprika, groene uien en knoflook een paar minuten.

Voeg de sojasaus en sesamolie toe en kook verder tot de groenten gaar zijn.

Schep een kleine lepel van het groentemengsel in het midden van elk wontonvelletje.

Maak de randen van het wontonvel nat met water, vouw dubbel en druk dicht.

Breng in een pan de groentebouillon aan de kook.

Voeg de wontons toe aan de pan en kook 5-7 minuten, of tot ze naar de oppervlakte komen drijven.

Heet opdienen.

65. Citroengras Kipwontonsoep

INGREDIËNTEN
Wonton-wikkels
1/2 pond gemalen kip
2 teentjes knoflook, fijngehakt
2 el fijngehakt citroengras
1 el sojasaus
1 el sesamolie
6 kopjes kippenbouillon
1/4 kopje gehakte koriander

INSTRUCTIES
Meng in een mengkom de gemalen kip, knoflook, citroengras, sojasaus, sesamolie en koriander.

Leg een kleine lepel van het kipmengsel in het midden van elk wontonvelletje.

Maak de randen van het wontonvel nat met water, vouw dubbel en druk dicht.

Breng in een pan de kippenbouillon aan de kook.

Voeg de wontons toe aan de pan en kook 5-7 minuten, of tot ze naar de oppervlakte komen drijven.

Heet opdienen.

66. Zoetzure Varkenswontonsoep

INGREDIËNTEN
Wonton-wikkels
1/2 pond gemalen varkensvlees
2 teentjes knoflook, fijngehakt
1 el sojasaus
1 el sesamolie
1/4 kopje gehakte groene uien
1/4 kopje ananasstukjes
1/4 kopje rode paprika, gehakt
1/4 kopje rijstazijn
1/4 kopje bruine suiker
6 kopjes kippenbouillon

INSTRUCTIES

Meng in een mengkom het gemalen varkensvlees, knoflook, sojasaus, sesamolie, groene uien, stukjes ananas en rode paprika.
2. Leg een kleine lepel van het varkensvleesmengsel in het midden van elk wontonvelletje.

Maak de randen van het wontonvel nat met water, vouw dubbel en druk dicht.

Breng in een pan de kippenbouillon aan de kook.

Voeg de wontons toe aan de pan en kook 5-7 minuten, of tot ze naar de oppervlakte komen drijven.

Meng in een aparte pan de rijstazijn en bruine suiker en kook op middelhoog vuur tot de suiker is opgelost.

Giet de zoetzure saus in de pot wontonsoep en roer.

Heet opdienen.

67. Tom Yum Garnalen Wonton Soep

INGREDIËNTEN

Wonton-wikkels
1/2 pond gemalen garnalen
2 teentjes knoflook, fijngehakt
2 el fijngehakt citroengras
1 el vissaus
1 el limoensap
2 kopjes water
2 kopjes kippenbouillon
1/4 kopje gehakte koriander
1/4 kopje gesneden champignons
1/4 kopje gehakte tomaten
1/4 kopje gehakte groene uien

INSTRUCTIES

Meng in een mengkom de gemalen garnalen, knoflook, citroengras, vissaus en limoensap.

Schep een kleine lepel van het garnalenmengsel in het midden van elk wontonvelletje.

Maak de randen van het wontonvel nat met water, vouw dubbel en druk dicht.

Breng in een pan het water en de kippenbouillon aan de kook.

Voeg de wontons toe aan de pan en kook 5-7 minuten, of tot ze naar de oppervlakte komen drijven.

Voeg de koriander, champignons, tomaten en groene uien toe aan de pan en laat nog 5 minuten sudderen.

Heet opdienen.

68. Wontonsoep uit Turkije

INGREDIËNTEN

Wonton-wikkels
1/2 pond gemalen kalkoen
2 teentjes knoflook, fijngehakt
1 el sojasaus
1 el sesamolie
6 kopjes kippenbouillon
1/4 kopje gehakte groene uien
1/4 kopje gehakte champignons
1/4 kopje gehakte wortelen

INSTRUCTIES

Meng in een mengkom de gemalen kalkoen, knoflook, sojasaus en sesamolie.
Leg een kleine lepel van het kalkoenmengsel in het midden van elk wontonvelletje.
Maak de randen van het wontonvel nat met water, vouw dubbel en druk dicht.
4. Breng de kippenbouillon in een pan aan de kook.

Voeg de wontons toe aan de pan en kook 5-7 minuten, of tot ze naar de oppervlakte komen drijven.

Voeg de groene uien, champignons en wortels toe aan de pan en laat nog 5 minuten sudderen.

Heet opdienen.

69. Krab Rangoon Wonton Soep

INGREDIËNTEN

Wonton-wikkels
1/2 lb imitatie krabvlees
4 oz roomkaas, verzacht
1 el sojasaus
1/4 kopje gehakte groene uien
2 kopjes kippenbouillon
2 kopjes water
1/4 kop gesneden bamboescheuten

INSTRUCTIES

Combineer in een mengkom het imitatiekrabvlees, roomkaas, sojasaus en groene uien.

Leg een kleine lepel van het krabmengsel in het midden van elk wontonvelletje.

Maak de randen van het wontonvel nat met water, vouw dubbel en druk dicht.

Breng in een pan de kippenbouillon en het water aan de kook.

Voeg de wontons toe aan de pan en kook 5-7 minuten, of tot ze naar de oppervlakte komen drijven.

Voeg de bamboescheuten toe aan de pan en laat nog 5 minuten sudderen.

Heet opdienen.

70. Pittige Runderwontonsoep

INGREDIËNTEN

Wonton-wikkels
1/2 pond rundergehakt
2 teentjes knoflook, fijngehakt
1 el chili-knoflooksaus
2 kopjes runderbouillon
2 kopjes water
1/4 kopje gehakte koriander
1/4 kopje gesneden groene uien

INSTRUCTIES

Meng in een mengkom het rundergehakt, de knoflook en de chili-knoflooksaus.

Leg een kleine lepel van het rundvleesmengsel in het midden van elk wontonvelletje.

Maak de randen van het wontonvel nat met water, vouw dubbel en druk dicht.

Breng in een pan de runderbouillon en het water aan de kook.

Voeg de wontons toe aan de pan en kook 5-7 minuten, of tot ze naar de oppervlakte komen drijven.

Voeg de koriander en groene uien toe aan de pan en laat nog 5 minuten sudderen.

Heet opdienen.

71. Wontonsoep met garnalen en sint-jakobsschelpen

INGREDIËNTEN

Wonton-wikkels
1/4 lb garnalen, gepeld en ontdarmd
1/4 pond sint-jakobsschelpen, in plakjes
1/4 kopje gehakte paksoi
2 kopjes kippenbouillon
2 kopjes water
1 tl gember, fijngehakt
1 tl knoflook, gehakt
1/4 kopje gesneden groene uien

INSTRUCTIES

Combineer de garnalen, sint-jakobsschelpen, paksoi, gember en knoflook in een mengkom.

Leg een kleine lepel van het zeevruchtenmengsel in het midden van elk wontonvelletje.

Maak de randen van het wontonvel nat met water, vouw dubbel en druk dicht.

Breng in een pan de kippenbouillon en het water aan de kook.
Voeg de wontons toe aan de pan en kook 5-7 minuten, of tot ze naar de oppervlakte komen drijven.

Voeg de groene uien toe aan de pan en laat nog 5 minuten sudderen.

Heet opdienen.

72. Wontonsoep met Pindakaassaus

INGREDIËNTEN

Wonton-wikkels
1/2 pond gemalen varkensvlees
2 teentjes knoflook, fijngehakt
1 el sojasaus
1 el sesamolie
2 kopjes kippenbouillon
2 kopjes water
1/4 kop gladde pindakaas
1 el rijstazijn
1 theelepel honing
1/4 kopje gesneden groene uien

INSTRUCTIES

Meng in een mengkom het gemalen varkensvlees, de knoflook, de sojasaus en de sesamolie.

Leg een kleine lepel van het varkensvleesmengsel in het midden van elk wontonvelletje.

Maak de randen van het wontonvel nat met water, vouw dubbel en druk dicht.

Breng in een pan de kippenbouillon en het water aan de kook.

Voeg de wontons toe aan de pan en kook 5-7 minuten, of tot ze naar de oppervlakte komen drijven.

Klop in een kleine kom de pindakaas, rijstazijn, honing en een klein beetje water door elkaar om een saus te maken.

Serveer de wontons in kommen soep en sprenkel de pindakaassaus erover. Garneer met groene uien.

73. Wontonsoep met Groenten en Noedels

INGREDIËNTEN

Wonton-wikkels
1/2 pond gemalen kip
1 kop gehakte paksoi
1 kopje gesneden champignons
2 kopjes kippenbouillon
2 kopjes water
1 el sojasaus
1 tl sesamolie
2 kopjes gekookte eiernoedels
1/4 kopje gesneden groene uien

INSTRUCTIES

Meng in een mengkom de gemalen kip, paksoi en champignons.
Leg een kleine lepel van het kipmengsel in het midden van elk wontonvelletje.
Maak de randen van het wontonvel nat met water, vouw dubbel en druk dicht.
Breng in een pan de kippenbouillon en het water aan de kook.
Voeg de wontons toe aan de pan en kook 5-7 minuten, of tot ze naar de oppervlakte komen drijven.
Voeg de sojasaus, sesamolie en gekookte eiernoedels toe aan de pan en laat nog 5 minuten sudderen.
Serveer warm, gegarneerd met groene uien.

HOOFDGERECHT

74. Ravioli met mascarpone & coquilles

Serveer 4

Ingrediënten
- 12 grote sint-jakobsschelpen
- 2 theelepels citroenschil
- 1 eetlepel citroensap
- 1 kopje in blokjes gesneden verse tomaten
- 1 eetlepel olijfolie
- 2 eetlepels droge witte wijn
- 1/2 kopje visbouillon
- 1/2 kop 35 procent kookroom
- 2 droge Franse sjalotjes, fijngehakt
- 1 klein teentje knoflook, fijngehakt
- 3 eetlepels gehakte basilicum

Voor de ravioli
- 1 kopje plus 2 eetlepels koude mascarpone
- 24 vierkante wontonvellen
- 1 ei
- 1/2 theelepel Espelette-peper
- Zout en versgemalen peper naar smaak
- 1 eetlepel maizena

Routebeschrijving
a) Rasp de citroenschil fijn. Doe de maizena in een kleine kom. Scheid het eiwit en de dooier. Doe de mascarpone, de dooier, de Espelette peper, zout en peper in een kom.
b) Voeg ½ theelepel citroenrasp en basilicum toe en meng alle ingrediënten door elkaar.
c) Spreid 12-Wonton-vellen uit op een stoomdoek en bestrijk ze met het eiwit. Plaats 1 theelepel

mascarponevulling in het midden van elk vierkant en bedek elk met een tweede vierkant. Zorg ervoor dat je eerst je vingers in de maïzena steekt, druk rond de vulling om eventuele lucht te verdrijven en sluit de pakketjes af. Dek af en zet in de koelkast tot klaar voor gebruik.

d) Als je klaar bent om de ravioli te serveren, doe je water in een grote pan, voeg zout toe en breng aan de kook. Giet een scheutje olijfolie in een koekenpan, verwarm hoog en schroei de sint-jakobsschelpen aan beide kanten dicht. Haal van het vuur, leg de sint-jakobsschelpen op een bakplaat en zet apart. Verwarm de oven tot 350 F.

e) Zet de koekenpan weer op het vuur met een scheutje olijfolie en fruit de sjalotjes en knoflook aan, maar laat ze niet kleuren. Blus de pan op hoog vuur af met de witte wijn. Mix een paar minuten, voeg de visbouillon toe en laat tot de helft inkoken. Voeg de room toe en kook verder op middelhoog vuur om de saus te binden.

f) Om de saus af te maken, voeg je de tomaten, de resterende ½ theelepel citroenschil, de basilicum en het citroensap toe. Kruid met peper en zout. Zet het vuur uit.

g) Plaats de sint-jakobsschelpen nu 4 tot 5 minuten in de oven, afhankelijk van hun grootte, om het koken te voltooien. Verwarm de serveerschalen. Laat de ravioli voorzichtig 2 tot 3 minuten in gezouten kokend water vallen. Haal uit de pan met een schuimspaan en laat uitlekken. Verwijder sint-jakobsschelpen van bovenaf. Voeg al het sint-jakobsschelpensap toe aan de saus. Als je het als hoofdgerecht serveert, plaats dan drie ravioli

in het midden van elk bord, drie sint-jakobsschelpen rond de wontons en giet de saus over de ravioli.
h) Garneer elk bord met een blaadje basilicum en versgemalen peper.

75. Hawaiiaans Gegrilde tonijn met zeewier

Maakt: 2 Porties

INGREDIËNTEN
- ½ kopje sojasaus
- 3 eetlepels Honing
- 1 eetlepel Gehakte verse gember
- 2 theelepels Gehakte knoflook
- Versgemalen zwarte peper naar smaak.
- 2 tonijnsteaks
- 2 eetlepels rijstwijnazijn
- 2 eetlepels Sojasaus
- 2 eetlepels citroensap
- ½ theelepel Geraspte citroenschil
- 1 eetlepel Gehakte verse gember
- 1 theelepel Gehakte knoflook
- 2 eetlepels Gehakte bosui
- ¼ theelepel rode pepervlokken
- ¼ kopje Olijfolie
- ½ pak Wonton-wikkels
- Plantaardige olie om te frituren
- ¼ kopje zeewier
- ½ kopje Bitesize radicchio bladeren
- ½ kopje Gesneden andijvie
- ½ kopje babyspinazieblaadjes
- 2 eetlepels julienned gele paprika
- 2 eetlepels julienned rode paprika
- Radijs spruiten
- Gepekelde gember
- Gouden kaviaar
- Lichte sesamzaadjes
- Donkere sesamzaadjes

INSTRUCTIES
a) Meng in een kom de eerste 5 ingrediënten .
b) Doe de tonijnsteaks in een pan en giet het mengsel erover, zodat de tonijn aan alle kanten bedekt is. Marineer de vis gedurende 15 minuten.
c) Leg de gemarineerde tonijn vervolgens op een verwarmde grill en gril 1-2 minuten aan elke kant. Klop in een kom alle ingrediënten voor de saus door elkaar.
d) Verhit de frituurolie tot 350 graden. Snijd de wontonvellen in juliennereepjes en frituur ze goudbruin.
e) Laat ze uitlekken op keukenpapier. Meng in een kom het zeewier, radicchioblaadjes, gesneden andijvie, babyspinazieblaadjes, julienned gele paprika en julienned rode paprika.
f) Schik zeewier en groenten in het midden van 2 serveerschalen en bedek ze met de gebakken wontonreepjes. Besprenkel met wat van de saus, bedek met de tonijn en besprenkel nog meer saus.
g) Garneer met een klein trosje radijsscheuten, ingemaakte gember, tobiko, lichte sesamzaadjes, donkere sesamzaadjes en gouden kaviaar.

76. wontons van groenten en zeevruchten

Opbrengst: 6 porties

Ingrediënt
- 1 Envelop groentesoep mix
- 15 ons zwarte peper
- 40 wontonvellen
- ricotta kaas
- ½ pond imitatie krabvlees, gehakt
- ¼ theelepel knoflookpoeder
- ⅛ theelepel
- 1 Eetlepel plantaardige of olijfolie

a) Verwarm de oven voor op 350 ~ F.
b) Meng de soepmix, kaas, krab, knoflookpoeder en peper in een middelgrote kom. Plaats 1 eetlepel mengsel in het midden van elke wonton. Borstel randen met water; vouw elke hoek in het midden en druk aan om te verzegelen.
c) Leg de naad naar beneden op een licht ingevette bakplaat; borstel wontons met olie. Bak 25 minuten of tot ze krokant en goudbruin zijn, één keer keren.

77. Wontons van groenten en zeevruchten

Opbrengst: 6 porties
Ingrediënt
- 1 Envelop groentesoep mix
- 15 ons ricotta kaas
- $\frac{1}{2}$ pond imitatie krabvlees, gehakt
- $\frac{1}{4}$ theelepel knoflookpoeder
- $\frac{1}{8}$ theelepel zwarte peper
- 40 wontonvellen
- 1 Eetlepel plantaardige of olijfolie

Meng de soepmix, kaas, krab, knoflookpoeder en peper in een middelgrote kom. Plaats 1 eetlepel mengsel in het midden van elke wonton. Borstel randen met water; vouw elke hoek in het midden en druk aan om te verzegelen.

Leg de naad naar beneden op een licht ingevette bakplaat; borstel wontons met olie. Bak 25 minuten of tot ze krokant en goudbruin zijn, één keer keren.

78. Wontons van eend en gember

Maakt: 1 portie

INGREDIËNTEN
- 1 pak Wonton-wikkels
- 1 Eendenborst; gevild, pees verwijderd
- 2 eetlepels gekonfijte gember
- 1 eetlepel sojasaus
- 2 eetlepels Koriander; gehakt
- Zonnebloemolie om in te frituren
- 1 Spaanse peper; fijn gesneden
- 2 teentjes knoflook; fijn gesneden
- 2 eetlepels Suiker
- 2 eetlepels rijstazijn

a) Meng de eend met de gember, soja en koriander en plaats theelepels vol op twee wikkels, drie per keer, bevochtig en sluit.
b) Vorm driehoeken of geldzakken en frituur in de olie tot ze goudbruin zijn.
c) Droog op keukenpapier en serveer met een dipsaus.
d) Kook voor de saus alle ingrediënten samen tot een dikke saus.

79. Go Gees met gemalen kalkoen

- 1½ kopje gemalen kalkoen
- 1¼ eetlepel oestersaus
- 2 theelepels sojasaus
- 1 theelepel sesamolie
- 1½ groene uien, fijngehakt
- 1 eetlepel fijngehakte gember
- 1 pakje ronde wonton (gyoza) wikkels
- 4-6 kopjes olie om te frituren

Combineer de gemalen kalkoen, oestersaus, sojasaus, sesamolie, groene uien en gember.

Voeg olie toe aan een voorverwarmde wok en verwarm tot 375°F. Wikkel de gow gees terwijl u wacht tot de olie is opgewarmd. Leg 1 theelepel vulling in het midden van de wikkel. Maak de randen van de wikkel nat, vouw de vulling eroverheen en sluit de randen af. Ga verder met de rest van de wontons. Bedek de voltooide wontons met een stoomdoek om uitdroging te voorkomen.

Schuif de gow gees voorzichtig in de wok, een paar tegelijk. Frituur tot ze goudbruin zijn (ongeveer 2 minuten). Verwijder met een schuimspaan en laat uitlekken op keukenpapier.

80. Potstickers met Konjac rijstwijn

- 1½ kopje gemalen varkensvlees
- 3 theelepels Chinese rijstwijn of droge sherry
- 3 theelepels sojasaus
- 1½ theelepel sesamolie
- 1½ eetlepel gesnipperde ui
- 1 pakje ronde wonton (gyoza) wikkels
- ½ kopje water voor kookpotstickers
- Olie om naar behoefte te frituren

Combineer het gemalen varkensvlees, Konjac-rijstwijn, sojasaus, sesamolie en gesnipperde ui.

Om de potstickers te maken: Plaats 1 theelepel vulling in het midden van de wikkel. Maak de randen van de wikkel nat, vouw de vulling eroverheen en sluit de randen af. Ga verder met de rest van de potstickers. Bedek de afgewerkte potstickers met een stoomdoek om uitdrogen te voorkomen.

Voeg 2 eetlepels olie toe aan een voorverwarmde wok of koekenpan (1 eetlepel als je een pan met anti-aanbaklaag gebruikt). Als de olie heet is, voeg je een paar van de potstickers toe, met de gladde kant naar beneden. Niet wokken, maar ongeveer 1 minuut laten koken.

Voeg ½ kopje water toe. Draai de potstickers niet om. Kook, afgedekt, tot het grootste deel van de vloeistof is opgenomen. Dek af en kook tot de vloeistof is verdampt. Maak de potstickers los met een spatel en serveer met de verbrande kant naar boven. Serveer met Potsticker Dipsaus

81. Traditionele Gow Gees

- ¼ pond (4 ons) garnalen
- 3 middelgrote gedroogde paddenstoelen
- 1 kopje gemalen varkensvlees
- 1 napakoolblad, versnipperd
- 1½ groene uien, in dunne plakjes gesneden
- ¼ theelepel fijngehakte gember
- 2 theelepels Chinese rijstwijn of droge sherry
- 2 theelepels sojasaus
- 1 theelepel sesamolie
- 1 pakje ronde wonton (gyoza) wikkels
- 4-6 kopjes olie om te frituren

Was, ontdarm en hak de garnalen fijn. Week de gedroogde paddenstoelen minimaal 20 minuten in heet water om ze zacht te laten worden. Giet af, verwijder de stelen en snijd fijn.

Combineer het gemalen varkensvlees, garnalen, kool, groene uien, gedroogde paddenstoelen, gember, Konjac-rijstwijn, sojasaus en sesamolie.

Voeg olie toe aan een voorverwarmde wok en verwarm tot 375°F. Wikkel de gow gees terwijl u wacht tot de olie is opgewarmd. Leg 1 theelepel vulling in het midden van de wikkel. Maak de randen van de wikkel nat, vouw de vulling eroverheen en sluit af, waarbij de randen worden gekrompen. Ga verder met de rest van de wontons. Bedek de voltooide wontons met een stoomdoek om uitdroging te voorkomen.

Schuif de gow gees voorzichtig in de wok, een paar tegelijk. Frituur tot ze goudbruin zijn (ongeveer 2 minuten). Verwijder met een schuimspaan en laat uitlekken op keukenpapier.

82. Siu Mai-knoedels

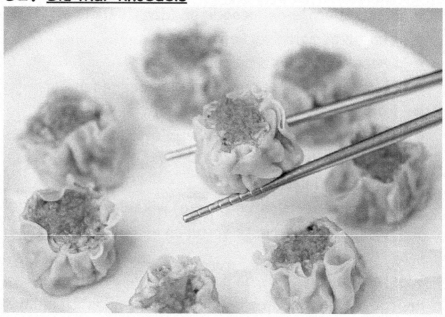

- ¼ pond verse garnalen
- 3 middelgrote gedroogde paddenstoelen
- 1 kopje gemalen varkensvlees
- 1½ groene uien, in dunne plakjes gesneden
- ½ kopje ingeblikte bamboescheuten, versnipperd
- 2 theelepels oestersaus
- 2 theelepels sojasaus
-
- 1 theelepel sesamolie
- 1 pakje Siu Mai of wonton wikkels
- Olie voor het coaten van hittebestendige plaat

Was en ontdarm de garnalen en hak ze fijn. Week de gedroogde paddenstoelen minimaal 20 minuten in heet water om ze zacht te laten worden. Giet af, verwijder de stelen en snijd fijn.

Combineer het gemalen varkensvlees, garnalen, groene uien, gedroogde paddenstoelen, bamboescheuten, oestersaus, sojasaus en sesamolie.

Om de Siu Mai te verpakken: Leg 2 theelepels vulling in het midden van de wikkel. Vouw het vel **niet** over de vulling. Verzamel de randen van de wikkel en plooi de zijkanten voorzichtig zodat het een mandvorm vormt, met de bovenkant open.

Smeer een hittebestendige plaat lichtjes in met olie. Leg de dumplings op het bord. Plaats de plaat op een bamboestomer in een wok die is ingesteld om te stomen. Stoom de dumplings 5-10 minuten of tot ze gaar zijn.

83. Gestoomde Rundvleesballetjes

- 8 Oz. Mager rundergehakt
- 1 1/2 eetlepel sojasaus
- 1 eetlepel Gehakte koriander 1 theelepel Gehakte gemberwortel 1 theelepel Maïzena
- 1/2 theelepel Pinda-olie
- 20 ronde wontonvellen Water
- Scallion-waaiers voor garnering Radijsbloem voor garnering

Meng in een kleine kom rundvlees, sojasaus, koriander, gemberwortel, maizena en olie. Leg 10 wontonvellen op het werkvlak. Leg 2 theelepels vulling in het midden van elk wontonvelletje. Bevochtig elk wontonvelletje. Bevochtig de hele rand met water. Til beide zijden van de wikkel op en knijp ze samen boven de vulling, verzamel randen en plooi wikkels; knijpen om te verzegelen. Ga verder met de resterende wikkels en vulling.
Breng in elk van de twee grote koekenpannen 2 kopjes water aan de kook. Zet het vuur laag tot medium; voeg knoedels toe en laat ze niet aanraken.
Dek lichtjes af en stoom tot de knoedels stevig zijn en de wikkels zacht, 15 minuten. Serveer onmiddellijk. Garneer de serveerschaal met lente-uitjes en radijsbloem

84. Gemengde bloem en kaas ravioli

Maakt: 1 Portie

INGREDIËNTEN

- 12 wontonvellen
- 1 losgeklopt ei om ravioli af te dichten
- 1 kopje Gemengde bloemblaadjes
- ⅓ kopje Ricotta-kaas
- ⅓ kopje Mascarpone-kaas
- 4 eetlepels Gehakte basilicum
- 1 eetlepel Gehakte bieslook
- 1 theelepel Gehakte koriander
- ⅓ kopje Zacht tarwebrood, verkruimeld
- 1½ theelepel Zout
- ½ theelepel rode chilipasta
- 12 Hele viooltjes

INSTRUCTIES

a) Meng alle ingrediënten, behalve hele viooltjes. Leg ter voorbereiding de wontonhuid plat op een oppervlak.

b) Plaats 1 ½ theelepel vulling in het midden van de wontonhuid, top met 1 heel viooltje.

c) Bevochtig de randen met losgeklopt ei en bedek met een andere wontonhuid.

d) Kook door koken in water of groentebouillon gedurende ongeveer 1½ minuut.

e) Serveer in een kom met tomaten-basilicumbouillon.

85. Krokante wontons van krab en roomkaas

Porties: 6 tot 8

24 wontonvellen, ontdooid indien ingevroren
Bak spray
Vulling:
5 ons (142 g) forfaitair krabvlees, uitgelekt en drooggedept
4 ons (113 g) roomkaas, op kamertemperatuur
2 lente-uitjes, in plakjes
1½ theelepel geroosterde sesamolie
1 theelepel Worcestershire-saus
Kosjer zout en gemalen zwarte peper, naar smaak

Spray de mand van de airfryer in met kookspray.
Doe alle ingrediënten voor de vulling in een middelgrote kom en roer tot alles goed gemengd is. Zet ernaast een klein bakje water klaar.
Leg de wontonvellen op een schoon werkoppervlak.
Schep 1 theelepel vulling in het midden van elk velletje. Maak de randen nat met een scheutje water. Vouw elk wontonvel diagonaal doormidden over de vulling om een driehoek te vormen.
Schik de wontons in de pan. Spritz de wontons met kookspray.
Plaats de mand van de heteluchtfriteuse op de bakpan en schuif in rekpositie 2, selecteer Air Fry, stel de temperatuur in op 350°F (180°C) en stel de tijd in op 10 minuten.
Draai de wontons halverwege de kooktijd om.
Als het koken is voltooid, zijn de wontons krokant en goudbruin.

Serveer onmiddellijk.

86. Varkensvlees Momo's

Porties: 4

2 eetlepels olijfolie
1 pond (454 g) gemalen varkensvlees
1 geraspte wortel
1 ui, gesnipperd
1 theelepel sojasaus
16 wontonvellen
Zout en gemalen zwarte peper, naar smaak
Bak spray

Verhit de olijfolie in een koekenpan met anti-aanbaklaag op middelhoog vuur tot het glinstert.
Voeg het gemalen varkensvlees, de wortel, de ui, de sojasaus, het zout en de gemalen zwarte peper toe en bak 10 minuten of tot het varkensvlees goed bruin is en de wortels zacht zijn.
Vouw de wikkels open op een schoon werkvlak en verdeel het gekookte varkensvlees en de groenten over de wikkels. Vouw de randen rond de vulling om momo's te vormen. Knijp in de bovenkant om de momo's te verzegelen.
Schik de momo's in de mand van de airfryer en spritz met kookspray.
Plaats de mand van de heteluchtfriteuse op de bakpan en schuif in rekpositie 2, selecteer Air Fry, stel de temperatuur in op 320°F (160°C) en stel de tijd in op 10 minuten.
Als het koken klaar is, zullen de wikkels lichtbruin zijn. Serveer onmiddellijk.

87. Luchtgebakken roomkaas wontons

Porties: 4

2 ons (57 g) roomkaas, verzacht
1 eetlepel suiker
16 vierkante wontonvellen
Bak spray

Spray de mand van de airfryer in met kookspray.
Roer in een mengkom de roomkaas en suiker door elkaar tot alles goed gemengd is. Zet ernaast een klein bakje water klaar.
Leg de wontonvellen op een schoon werkvlak. Schep ¼ theelepel roomkaas in het midden van elk wontonvelletje. Dep het water over de randen van de wikkel. Vouw elk wontonvel diagonaal doormidden over de vulling om een driehoek te vormen.
Schik de wontons in de pan. Spritz de wontons met kookspray.
Plaats de mand van de heteluchtfriteuse op de bakpan en schuif in rekpositie 2, selecteer Air Fry, stel de temperatuur in op 350°F (180°C) en stel de tijd in op 6 minuten.
Draai de wontons halverwege de kooktijd om.
Als het koken is voltooid, zijn de wontons goudbruin en krokant.
Verdeel de wontons over vier borden. Laat 5 minuten rusten alvorens te serveren.

88. Kool en Varkensvlees Gyoza

Porties: 48 gyoza's

1 pond (454 g) gemalen varkensvlees
1 kop Napa-kool (ongeveer 1 pond / 454 g), dun gesneden en fijngehakt
½ kopje gehakte lente-uitjes
1 theelepel gehakte verse bieslook
1 theelepel sojasaus
1 theelepel gehakte verse gember
1 eetlepel gehakte knoflook
1 theelepel kristalsuiker
2 theelepels koosjer zout
48 tot 50 wonton- of knoedelvellen
Bak spray

Spray de mand van de airfryer in met kookspray. Opzij zetten.
Maak de vulling: Combineer alle ingrediënten, behalve de wikkels, in een grote kom. Roer om goed te mengen.
Vouw een wikkel open op een schoon werkoppervlak en dep de randen met een beetje water. Schep 2 theelepels van het vulmengsel in het midden.
Maak de gyoza: Vouw het vel over de vulling en druk de randen dicht. Plooi de randen indien gewenst. Herhaal met de resterende wikkels en vullingen.
Schik de gyoza's in de pan en spritz met kookspray. Plaats de mand van de heteluchtfriteuse op de bakpan en schuif in rekpositie 2, selecteer Air Fry, stel de temperatuur in op 360°F (182°C) en stel de tijd in op 10 minuten.
Draai de gyoza halverwege de kooktijd om.

Als ze gaar zijn, zullen de gyoza's goudbruin zijn. Serveer onmiddellijk.

89. wontons van groenten en zeevruchten

Opbrengst: 6 porties

Ingrediënt
- 1 Envelop groentesoepmix 15 ons
- zwarte peper 40 wontonvellen 1
- ricotta kaas
- $\frac{1}{2}$ pond imitatie krabvlees, gehakt $\frac{1}{4}$ theelepel knoflookpoeder $\frac{1}{8}$ theelepel

- Eetlepel groente- of olijfolie Verwarm de oven voor op 350 ~ F.

Meng de soepmix, kaas, krab, knoflookpoeder en peper in een middelgrote kom. Plaats 1 eetlepel mengsel in het midden van elke wonton. Borstel randen met water; vouw elke hoek in het midden en druk aan om te verzegelen.
Leg de naad naar beneden op een licht ingevette bakplaat; borstel wontons met olie. Bak 25 minuten of tot ze krokant en goudbruin zijn, één keer keren.

90. Varkensgehakt wontons

INGREDIËNTEN

- 2 ons stuk gember, geschild
- 1/4 kopje water
- 16 ons gehakt varkensvlees, idealiter met ongeveer 30% vet
- 1 ei, losgeklopt
- 1 eetlepel sesamolie
- 1 theelepel rijstwijn of droge sherry
- 3/4 theelepel zout
- 1/4 theelepel witte peper
- 3 eetlepels kippen- of varkensbouillon
- 100 wontonvellen uit de winkel

ROUTEBESCHRIJVING:

1. Plet het stuk gember heel goed om de smaak vrij te maken en laat het weken in 1/4 kopje water.
2. Meng het varkensgehakt met het weekwater van de gember, het losgeklopte ei, sesamolie, rijstwijn, zout en witte peper. Voeg kippen- of varkensbouillon toe, een halve theelepel per keer om vocht aan de mix toe te voegen.
3. Met een wontonvel op één hand, vul je met ongeveer 1/2 eetlepel vulling. Omsluit door de wikkel in een driehoek te vouwen. Verzegel door zachtjes op de twee kanten te drukken.
4. Neem de twee uiteinden van de driehoek en vouw naar beneden totdat de uiteinden elkaar raken en elkaar enigszins overlappen. Druk op om de uiteinden te binden.
5. Zet een grote pan met kokend water klaar.
6. Plaats de knoedels voorzichtig, een paar tegelijk, in het water, niet verdringen, en kook tot de vulling gaar is (ongeveer drie minuten).

7. Giet af en leg bovenop de kruiderij. Meng licht.
8. Garneer indien gewenst met gehakte groene uien of koriander, of fijngehakte rauwe knoflook of gember.

NAGERECHT

91. <u>Nutella wontons</u>

Maakt: 4-6 porties

INGREDIËNTEN
- Nutella, naar behoefte
- 2 grote rijpe bananen, geschild en in plakken van $\frac{1}{2}$ cm dik gesneden
- kokosvlokken, naar behoefte
- 24 wontonvellen
- 1 eetlepel lichtbruine suiker
- $\frac{1}{4}$ theelepel gemalen kaneel
- 1 snufje gemalen nootmuskaat
- 1 snufje gemalen kardemom
- Olie, om te frituren

INSTRUCTIES
a) Meng in een kom de bruine suiker en kruiden.
b) Voeg de plakjes banaan toe en bedek ze gelijkmatig met het bruine suikermengsel.
c) Leg een kleine hoeveelheid Nutella, gevolgd door een schijfje banaan en wat stukjes kokosvlokken in het midden van elk wontonvelletje.
d) Smeer de randen van de wikkels in met natte vingers en vouw ze in een driehoekvorm over de vulling.
e) Druk met je vingers op de randen om ze volledig te verzegelen.
f) Verhit de olie in een grote koekenpan tot 350 graden F.
g) Voeg de wontons in porties toe en bak ze aan beide kanten goudbruin.
h) Leg de wikkels op een met keukenpapier beklede plaat om uit te lekken.

i) Serveer alles met een snufje poedersuiker.

92. Nutella bananenwontons

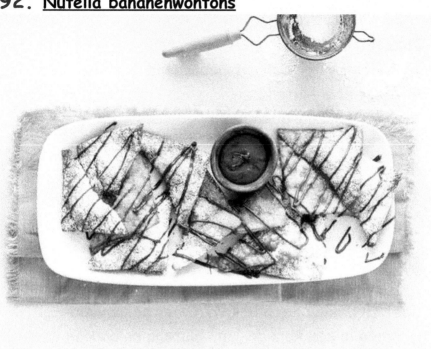

Maakt: 6

INGREDIËNTEN
- 1 kleine rijpe banaan, gepureerd
- 1 eetlepel Nutella
- 1 eetlepel aardbeienjam
- 1 eetlepel gehakte noten
- 13 wontonvellen
- ½ theelepel suiker
- anti-aanbakspray

INSTRUCTIES
h) Zet je oven op 350 graden F voordat je iets anders doet en bekleed een bakplaat met bakpapier.
i) Voeg in een kom de jam, Nutella en banaan en de jam toe en mix tot een gladde massa.
j) Plaats ongeveer 1 theelepel van het mengsel in het midden van elk wontonvel, gevolgd door de noten.
k) Bevochtig met natte vingers de randen van elke wikkel en vouw de vulling in een driehoekige vorm.
l) Druk nu met je vingers op de randen om ze volledig af te dichten.
m) Voeg in een diepe koekenpan de olie toe op middelhoog vuur en kook tot het erdoorheen is.
n) Leg de wontonvellen op de bodem van de voorbereide bakplaat.
o) Spray elk velletje in met de kookspray en bestuif met de suiker.
p) Bak ongeveer 30 minuten 11-15 minuten in de oven.
q) Geniet warm met je favoriete topping.

93. Dessert Nutella Wontons

Maakt: 1

INGREDIËNTEN
- Nutella, naar behoefte
- 2 grote rijpe bananen, geschild en in plakken van ½ cm dik gesneden
- kokosvlokken, naar behoefte
- 6 ons wontonvellen, ongeveer 24
- 1 eetlepel lichtbruine suiker
- ¼ theelepel gemalen kaneel
- snufje gemalen nootmuskaat
- snufje gemalen kardemom
- olie (om te frituren)
- poedersuiker

INSTRUCTIES
a) Meng in een kom de bruine suiker en kruiden.
b) Voeg de plakjes banaan toe en bedek ze gelijkmatig met het bruine suikermengsel.
c) Leg een kleine hoeveelheid Nutella, gevolgd door een schijfje banaan en wat stukjes kokosvlokken in het midden van elk wontonvelletje.
d) Smeer de randen van de wikkels in met natte vingers en vouw ze in een driehoekvorm over de vulling.
e) Druk met je vingers op de randen om ze volledig te verzegelen.
f) Verhit de olie in een grote koekenpan tot 350 graden F.
g) Voeg de wontons in porties toe en bak ze aan beide kanten goudbruin.

h) Leg de wikkels op een met keukenpapier beklede plaat om uit te lekken.
i) Serveer alles met een snufje poedersuiker.

94. <u>Gebakken Peren in Wontonchips en Honing</u>

Bereiding

stijd: 20 minuten
Bereidingstijd: 45 minuten
Porties: 4 personen

INGREDIËNTEN

- ½ theelepel gemalen kaneel, verdeeld
- 2 Koreaans-Amerikaanse peren
- ½ kopje plus 1 eetlepel honing, verdeeld
- 4 - 6×6 wontonvellen
- ¼ kopje mascarpone
- 1 ½ eetlepel gesmolten ongezouten boter

ROUTEBESCHRIJVING

a) Verwarm de kachel tot 375°F en bekleed een bakplaat met bakpapier.
b) Snijd ½ inch van de basis en bovenkant van de peer.
c) Schil ze nu en snijd ze horizontaal door het midden, haal de zaadjes eruit
d) Leg de wikkels op een droge, vlakke ondergrond, voeg de halve peer toe aan elke wikkel en bestuif met kaneel, en strooi er wat honing over ongeveer 1 eetlepel.

e) Til de hoeken op en sluit af met de honing.
f) Leg deze op de bakplaat en bak ze 45 minuten in de oven, als het deeg te veel kleurt gewoon afdekken met een beetje folie.
g) Mix de rest van de honing, kaneel en mascarpone tot een glad mengsel.
h) Serveer de pakketjes met de mascarpone.

95. Chocolade Bananenwontons

INGREDIËNTEN

Wonton-wikkels
2 rijpe bananen
1/2 kopje chocoladeschilfers
1 el kokosolie

INSTRUCTIES

Verwarm de oven voor op 180°C.

Pureer de bananen in een mengkom.

Leg een kleine lepel van de geprakte bananen en een paar chocoladeschilfers op elk wontonvelletje.

Maak de randen van het wontonvel nat met water, vouw dubbel en druk dicht.

Leg de wontons op een bakplaat bekleed met bakpapier.

Smelt de kokosolie en bestrijk hiermee de wontons.

Bak in de oven gedurende 10-12 minuten, of tot ze goudbruin zijn.

Heet opdienen.

96. Appel Kaneel Wontons

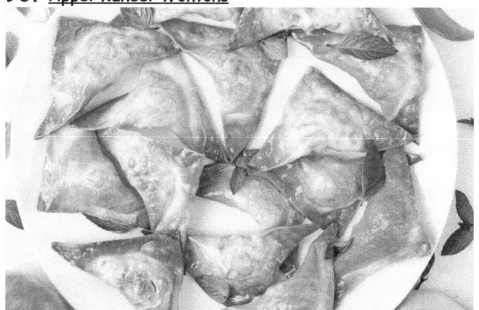

INGREDIËNTEN

Wonton-wikkels
2 appels, geschild en in blokjes
1 tl kaneel
2 el bruine suiker
1 el boter

INSTRUCTIES

Smelt de boter in een koekenpan op middelhoog vuur.

Voeg de in blokjes gesneden appels, kaneel en bruine suiker toe aan de koekenpan en kook 5-7 minuten, of tot de appels gaar zijn.

Schep op elk wontonvel een kleine lepel van het appelmengsel.

Maak de randen van het wontonvel nat met water, vouw dubbel en druk dicht.

Verhit een klein beetje olie in een pan op middelhoog vuur.

Bak de wontons 2-3 minuten aan elke kant, of tot ze goudbruin zijn.

Heet opdienen.

97. Aardbeien Roomkaas Wontons

INGREDIËNTEN

Wonton-wikkels
4 oz roomkaas, verzacht
1/4 kopje poedersuiker
1/2 kop gehakte aardbeien
1 tl vanille-extract
1 eiwit, losgeklopt
Plantaardige olie om te frituren

INSTRUCTIES

Meng in een mengkom de roomkaas, poedersuiker, gehakte aardbeien en vanille-extract.

Schep op elk wontonvel een kleine lepel van het roomkaasmengsel.

Maak de randen van het wontonvel nat met water, vouw dubbel en druk dicht.

Verhit de plantaardige olie in een pan op middelhoog vuur.

Doop elke wonton in het eiwit en leg ze in de hete olie.

Bak de wontons 2-3 minuten aan elke kant, of tot ze goudbruin zijn.

Heet opdienen.

98. Bosbessen-citroenwontons

INGREDIËNTEN

Wonton-wikkels
1 kopje bosbessen
1/4 kopje kristalsuiker
2 el maizena
Zest en sap van 1 citroen
1 ei, losgeklopt
Plantaardige olie om te frituren

INSTRUCTIES

Meng in een mengkom de bosbessen, kristalsuiker, maizena en citroenschil en -sap.
Schep op elk wontonvel een kleine lepel van het bosbessenmengsel.
Maak de randen van het wontonvel nat met water, vouw dubbel en druk dicht.
4. Doop elke wonton in het losgeklopte ei en leg ze in de hete olie.

Bak de wontons 2-3 minuten aan elke kant, of tot ze goudbruin zijn.

Heet opdienen.

99. S'mores Wontons

INGREDIËNTEN

Wonton-wikkels
1/2 kopje mini-marshmallows
1/4 kopje chocoladeschilfers
1/4 kop geplette crackers uit Graham
1 ei, losgeklopt
Plantaardige olie om te frituren

INSTRUCTIES

Leg een kleine lepel mini-marshmallows, chocoladeschilfers en gemalen crackers uit Graham op elk wontonvel.

Maak de randen van het wontonvel nat met water, vouw dubbel en druk dicht.

Doop elke wonton in het losgeklopte ei en plaats deze in de hete olie.

Bak de wontons 2-3 minuten aan elke kant, of tot ze goudbruin zijn.

Heet opdienen.

100. Frambozen Roomkaas Wontons

INGREDIËNTEN

Wonton-wikkels
4 oz roomkaas, verzacht
1/4 kopje poedersuiker
1/2 kopje frambozen
1 tl vanille-extract
1 eiwit, losgeklopt
Plantaardige olie om te frituren
INSTRUCTIES

Meng in een mengkom de roomkaas, poedersuiker, frambozen en vanille-extract.

Schep op elk wontonvel een kleine lepel van het roomkaasmengsel.

Maak de randen van het wontonvel nat met water, vouw dubbel en druk dicht.

Verhit de plantaardige olie in een pan op middelhoog vuur.

Doop elke wonton in het eiwit en leg ze in de hete olie.

Bak de wontons 2-3 minuten aan elke kant, of tot ze goudbruin zijn.

Heet opdienen.

CONCLUSIE

We hopen dat dit Wonton-kookboek je heeft geïnspireerd om de rijke en diverse smaken van de Chinese keuken te ontdekken. Of je nu een favoriet gerecht wilt recreëren of iets nieuws wilt proberen, Wontons zijn een heerlijke en veelzijdige optie die kan worden aangepast aan elke smaak. Van hartig varkensvlees en garnalen tot zoete chocolade en banaan, de mogelijkheden zijn eindeloos.

We moedigen je aan om te experimenteren met verschillende vullingen en kookmethodes om je eigen unieke wonton-creaties te ontdekken. En bovenal hopen we dat dit kookboek je plezier en voldoening heeft gebracht in de keuken. Veel kookplezier!